내셔널 마in드 에피그램 **143**

# 지구촌
# 위트사전

내셔널 마in드 에피그램 143

# 지구촌
# 위트사전

박영만 지음

프리윌

## 들어가는 말

미국의 사상가 에머슨은 '한 나라의 척도는 인구나 도시의 크기 혹은 추수한 농작물의 양에 달려있는 것이 아니라, 그 나라에 속한 사람들이 어떤 종류의 사람인가에 달려 있다.'라고 말한 바 있다. 지금은 글로벌 시대이다. 그런데 글로벌은 '나라'라는 기초 위에서 출발하는 개념이다. 따라서 한 나라, 한 나라의 특성을 잘 모르고서는 글로벌도 불가능하다. 그러면 한 나라, 한 나라의 특성을 잘 알기 위해서는 어떻게 해야 할까?

영국의 철학자 프랜시스 베이컨은 '한 민족의 특성과 기지와 정신은 그 민족의 속담이나 격언(格言)에서 발견된다.'고 말했다. 그러나 시대상황이 많이 바뀐 오늘날, 옛 속담이나 격언으로 한 나라의 특성을 안다는 것은 격세지감이 있고, 대신 요즘 시대상황을 잘 반영하는 것으로 유머가 있는데, 상황이나 특성의 핵심을 꼬집는 위트 있는 유머는 거의 격언에 가까운 것들도 많다. 위트유머는 일종의 에피그램(epigram)이다. 에피그램은 격언이나 속담보다 더 예리한 풍자를 담고 있다. 위트 있는 유머를 통해 한 나라, 한 나라의 특성을 들여다보는 것은 그 자체만으로도 흥미로운 일일 뿐만 아니라, 글로벌 마인드로 갈 수 있는 하나의 좋은 수단이 될 것이다.

이 책은 세계 여러 나라의 고유한 국민 특성뿐만 아니라 어떤 상황에 반응하는 그들의 특징을 통찰력 있게 붙잡아, 재치 있고 간결하게 표현한 '국민성에 관한 위트 유머집'이다. 총 143개의 유머는 각종 매체에서 자료를 수집하여 업그레이드시킨 것들이다.

물론 개인과 마찬가지로 한 나라의 국민성도 정형화된 한 가지 특성만 있는 것은 아니다. 이를테면 감정적인 면과 냉철한 면을 동시에 지녔을 수도 있고, 실용적인 면과 낭만적인 면을 동시에 지녔을 수도 있다. 여기에 수록된 유머들은 각 나라 국민들의 여러 특성 중 표면적으로 좀더 두드러지게 나타나는 특성에 중점을 두어 표현한 것이므로 어느 정도 융통성 있는 마인드로 읽을 필요는 있다. 또한 다분히 국수주의적인 성격을 띠는 유머들도 있는데, 이는 오히려 그러한 배타의 벽을 허물라는 뜻에서 글로벌 마인드로 갈 수 있는 훌륭한 지침이 될 수 있을 것이다.

2008년 07월  지은이 박영만

# 차례

**성공~위트**

나라별 성공 방식_14
나라별 단위정서_18
나라별 음주 습관_22
언어별 가용성_26
나라별 달리는 방식_28
나라별 가장 아름다운 말_30
천국나라의 문화_32
각국 남자들의 특성_34
각국 여자들의 이상형 남자_36
세계 제일의 나라들_40
나라별 관계발전_44
위트, 유머, 풍자, 해학_48

**코끼리~가보**

코끼리를 냉장고 안에 집어넣으려다
벌어진 사건_15
닭이 길을 건넌 이유에 대한 견해 1_19
닭이 길을 건넌 이유에 대한 견해 2_23
나라별 관심 분야_27
나라별 제일 좋아하는 단어_29
각국 학생들의 대답_31

파란색 말을 구하기 위하여_33
괴한들이 휩쓸고 지나간 이후_35
세계 제일의 남자_37
나라별로 아주 많은 것_41
일본 폭주족 두목의 증언_45
3국인의 가보 자랑_49

**쇠고기~표어**

나라별 쇠고기 활용율_52
그릇과 국민성_56
애인이 생기면_58
나라별 연애 소설의 특징_60
3국의 젓가락 문화_62
나라별 꿈과 이상_64
나라별 술과 국민정서_66
메일을 열었을 때의 나라별 반응_70
세계의 위트 속담 1_74
할 일이 없으면_78
나라별 버스 안 표어_82

**암소~응원구호**
암소 두 마리를 사육하라고 했더니_53
나라별 유머 감각_57
나라별 행복의 순간_59
나라별 두 남자와 한 여자_61
나라별 가장 먼저 한 일_63
후손에게 물려줘야 할 덕목들_65
3국인의 개 다루는 법_67
세 번째 낙하산의 비극_71
3국 남자의 힘겨루기 시합_75
소원을 이루어주는 바위_79
전염된 응원구호_83

**인물~이상형**
나라별 인물 부재_86
각국인의 인생 목표_88
나라별 남는 것_92
나라별 자녀 교육법_94
이별할 때와 이별한 후_96
나라별 상류층의 조건_98

3국인의 싸우는 이유와 방법_100
나라별 국기의 발현_102
알몸이 되었을 때_106
세계의 위트 속담 2_110
4자성어로 바라본 3국인_114
각국 남자들의 이상형 여자_116

**사람~자랑**
나라별 물에 빠진 사람 구하는 법_87
나라별 뛰는 놈과 나는 놈_89
각국인 을 향한 어느 호텔의 경고문_93
각 나라 여자들의 서로 다른 충고_95
3국 여자들의 팬티 쇼핑_97
각국 남자들의 넥타이 고르는 법_99
나라별 작전명령_101
우주인 선발 면접시험_103
두 나라 남자의 같은 점_107
한국 남자의 비법 전수_111
3국인의 동물소리 자랑_115
3국 황소의 마누라 자랑_117

## 최고~개성화

나라별 최고와 최저_120
나라별 허가와 금지_124
그룹이 되었을 때의 나라별 특징_128
나라별 속임의 사슬_132
알라, 주체, 정의, 비핵화_136
지옥나라의 문화_140
나라별 음식문화_142
나라별 연애관_144
나라별 장기와 특기_146
한국이 미국, 일본보다 우수한 점_150
3국인의 행동 양식_152
나라별 예술 특성_154
획일화와 개성화_158

### UFO~속도

UFO 출현 시 나라별 대처법 1_121
UFO 출현 시 나라별 대처법 2_125
UFO 출현 시 나라별 대처법 3_129
UFO 출현 시 나라별 대처법 4_133
UFO 출현 시 나라별 대처법 5_137
어느 날 갑자기 백만장자가 되었다면_141

나라별 논문의 소재_143
각국 여자들의 반응_145
3국 무사들의 검술 시합_147
표현의 자유가 있는 나라_151
3국인의 곤장 100대_153
각국의 경찰 수사력_155
두 나라 회사원의 속도 자랑_159

## 속담~해결법

세계의 위트 속담 3_162
나라별 애국관_164
셋이 모이면 1_166
셋이 모이면 2_168
나라별 당면 과제_170
그래서인지_174
나라별 여가 활동_178
나라별 음주 방법_180
나라별 건배 용어_182
나라별 국가 이름_184
나라별 선호 색과 자동차_186

나라별 분쟁 해결법_188

**세 사람~통신기술**
한 사람, 두 사람, 세 사람 1_163
한 사람, 두 사람, 세 사람 2_165
한 사람, 두 사람, 세 사람 3_167
한 사람, 두 사람, 세 사람 4_169
한 사람, 두 사람, 세 사람 5_171
한 사람, 두 사람, 세 사람 6_175
피사의 사탑에 대한 나라별 반응_179
인터내셔널 바에서 1_181
인터내셔널 바에서 2_183
나라별 IQ와 토론 주제_185
두 나라 샐러리맨의 회사 자랑_187
3국의 통신기술 수준_189

**독서~행복지수**
나라별 독서 취향_192
최상의 삶이란_194
최악의 삶이란_196

나라별 특정 성씨가 많은 이유_200
세계의 위트 속담 4_202
나라별 몰림 현상_204
세계의 위트 속담 5_206
3국인의 삶의 목표_210
3국인의 놀라운 식성_212
나라별 행복지수_216

**이름~지구**
'캐나다'라는 이름의 유래_193
'아메리카'라는 이름의 유래_195
'재팬'이라는 이름의 유래_197
'차이나'라는 이름의 유래_201
각국 철학자들이 말하는 인생의 의미_203
나라별 1억 원 만들기_205
인력 시장이 역동적으로 변한 이유_207
3국인의 인내력 테스트_211
위기 상황에서의 나라별 반응_213
지구가 행복해지는 방법_217

# 제1장

# 성공~ 위트
# 코끼리~가보

삶을 살아가는데 있어 절대적으로 가장 좋은 방법이라는 것은 없다. 때와 상황에 따라서 방법을 달리할 수가 있어야 한다. 그러나 사람들은 그 자신의 방법에 애착이 심하여 그 테두리를 쉽게 벗어나지 못한다.

# 나라별 성공 방식

❋ 영국에서 성공하려면 독일식으로 일을 해야 하고,
❋ 독일에서 성공하려면 미국식으로 일을 해야 하고,
❋ 미국에서 성공하려면 일본식으로 일을 해야 하고,
❋ 프랑스에서 성공하려면 프랑스식으로 일을 해야 하고,
❋ 베트남에서 성공하려면 한국식으로 일을 해야 하고,
❋ 한국에서 성공하려면 정치가식으로 일을 해야 한다.

만족하게 살고, 때때로 웃으며, 많이 사랑한 사람이 성공한 사람이다. | A.J 스탠리

# 코끼리를 냉장고 안에 집어넣으려다 벌어진 사건

❊ 유네스코가 각 나라별로 코끼리를 냉장고 안에 집어넣으라고 했더니, 다음과 같은 일이 벌어졌다.

❊ 미국은 막대한 자금을 투입하여 한 달 만에 코끼리가 들어갈 수 있는 냉장고를 만들었지만, 그날 우리 안에 갇혀있던 코끼리가 탈레반 무장 세력의 공격을 받아 죽고 말았다.

❊ 영국은 코끼리가 들어갈 대형 냉장고를 만들어 그것을 런던으로 수송하는 도중 파파라치들이 따라붙자, 그들을 따돌리려던 트럭이 마주오던 트럭과 정면으로 충돌하여 냉장고와 트럭이 모두 박살나버렸다.

❊ 프랑스는 먼저 코끼리가 암컷임을 확인하고 '마드모아젤!' 이라고 외친 다음, 냉장고 모양의 레이스 의상을 개발하여 코끼리에게 입히고 나서 코끼리를 냉장고에 집어넣었다고 주장했다.

❋ 러시아는 KGB를 시켜 강아지 한 마리를 시베리아로 끌고 가서 코끼리라는 자백을 받게 한 다음, 시베리아가 하나의 거대한 냉장고이므로 일부러 코끼리를 냉장고 안에 집어넣을 필요가 없다고 주장했다.

❋ 한국은 여당은 '코끼리냉장고제작특별법'부터 만들자고 주장했고, 야당은 '코끼리가 냉장고 안에 들어가야 할 이유가 뭔지 청문회부터 열자고 서로 싸우는 동안, 한 네티즌이 사이버상에서 코끼리에게 냉장고를 먹인 다음, 코끼리의 안과 밖을 뒤집음으로써 코끼리를 냉장고 안에 집어넣는 데 성공했다.

# 나라별 단위 정서

❁ 모든 미국인은 국가적인 우월감을 지니고 있고,
❁ 모든 영국인은 연방적인 자긍심을 지니고 있고,
❁ 모든 프랑스인은 개인적인 운명감을 지니고 있고,
❁ 모든 독일인은 민족적인 사명감을 지니고 있고,
❁ 모든 한국인은 가족적인 소명감을 지니고 있다.

문명이란 개인과 개인을 결합시키고, 그 다음에 가족과 가족, 인종과 인종, 국민과 국민, 국가와 국가를 결합시켜 하나의 커다란 인류 공동체를 형성하는 과정이다. | **지그문트 프로이드**

# 닭이 길을 건넌 이유에 대한 견해(미국, 영국, 이탈리아)

❇ 미국은 닭은 순수한 신앙의 자유를 찾아 멀고 험한 길을 떠난 것이라고 주장했다. 그리하여 닭이 세찬 모래폭풍을 뚫고 길을 건너 인디언 닭들의 영토에 들어갔을 때, 닭들은 뉴프런티어 정신으로 '그랜드치킨 드림'을 실현한 것이라고 굳게 믿었다.

❇ 영국은 닭이 처음에는 건너느냐 마느냐 그것이 문제라고 망설였지만, 결국은 '건너지 않는 닭은 계속해서 서 있으려는 경향을 보이고, 건너려는 닭은 계속해서 움직이려는 경향을 보이게 된다'는 법칙을 떠올리며, 역사는 언젠가는 닭의 명예를 평가할 것이라는 두려움 때문에 길을 건넜다고 주장했다.

❇ 이탈리아는 처음에는 닭이 길을 건넌 이유는 닭의 본성에 의한 것이라고 생각했지만, 닭이 실제로 길을 건넌 것인지 아니면 닭이 서있던 땅바닥이 움직인 것인지 의심하게 되었고, 결국은 계동설(鷄動說)을 부인하고 지동설

(地動說)을 주장하다가 닭이 길 건너편에서 '왔노라 보았노라 건넜노라'고 선언했을 때, 비로소 자신들의 주장이 틀렸음을 시인했다.

# 나라별 음주 습관

❀ 미국인은 위스키를 마시고 취하면 시키지도 않은 즉흥 연설을 늘어놓고,
❀ 영국인은 럼주를 마시고 잘 취하지도 않으면서 안주만 축내고,
❀ 프랑스인은 와인을 마시고 취하면 무턱대고 춤을 추고,
❀ 독일인은 맥주를 조끼로 마시고 취하면 마냥 노래를 부르고,
❀ 이탈리아인은 두서없이 포도주를 마시고 취하면 자기 자랑을 늘어놓고,
❀ 러시아인은 보드카를 병째 마신 뒤 계속 더 마시자고 중얼거리고,
❀ 한국인은 소주를 마시고 취하면 패거리를 지어 2차 가자고 우겨댄다.

사이좋은 투사와 같이 술과 인간은 끊임없이 싸우고, 끊임없이 화해한다. 그리고 진편이 언제나 이긴 편을 포용한다. | **보도렐**

# 닭이 길을 건넌 이유에 대한 견해 (러시아, 이스라엘, 한국)

❀ 러시아는 '닭이 자기가 너무 오래 동안 길 반대편을 응시하고 있으면 반대편도 자기를 응시할 것이라는 죄의식에 사로잡혀 있었던 것이다. 아울러 닭은 처음에는 지금까지 아무도 가지 못한 미지의 세계를 탐험하기 위해 길을 건너기로 했지만, 결국은 이념을 바꿔 오믈렛과 보드카를 찾아 길을 떠난 것'이라고 주장했다.

❀ 이스라엘은 '하나님께서 닭에게 젖과 꿀이 흐르는 땅을 약속했기 때문에 길을 건넌 것이고, 닭은 앞으로 40일 동안 거친 들판을 헤매다 가나안 오리 땅에 들어갈 것이며, 오리들과의 끊임없는 전쟁으로 고통 받을 것'이라고 예견했다.

❀ 한국은 '진실이 길 건너편에 있기 때문에 닭은 길을 건넌 것이다. 처음에 닭장을 나온 닭은 호박 같은 눈동자로 자기 앞에 가로놓인 아스팔트를 창연히 바라보았다. 도로 위에는 수많은 작은 돌들의 파편이 박혀있어 험난한 차도

의 역사를 말해주고 있었고, 닭은 아스팔트에서 솟아오르는 열기에 심한 현기증을 느꼈지만, 분연히 정신을 가다듬고 마침내 진실을 찾아 길을 건넌 것이다'라고 주장했다.

# 언어별 가용성

✺ 만약 당신이 다국어에 능하다면

✺ 독일어로 철학을 논하고,
✺ 프랑스어로 사랑을 속삭이고,
✺ 영어로 연설을 하고,
✺ 히브리어로 예배를 드리고,
✺ 러시아어로 말(馬)을 야단치고,
✺ 한글로 시를 짓는 것이 가장 효과적이다.

언어란 사고의 토대이고, 사고는 감정의 영역이다.
| 데이비드 리버만

# 나라별 관심 분야

※ 화성을 탐사하던 지구인들이 화성인을 만나 그의 집으로 초대되었다. 화성인이 각자 한 가지씩 궁금한 점에 대해 질문을 받겠다고 하자

※ 영국인은 화성의 정치제도에 관해 질문을 했고,
※ 프랑스인은 화성인의 패션과 요리에 관해 질문을 했고,
※ 미국인은 화성인의 섹스에 관해 질문을 했고,
※ 브라질인은 화성인의 축구실력에 관해 질문을 했고,
※ 일본인은 화성의 애니메이션 산업에 관해 질문을 했고,
※ 한국인은 화성어의 조기교육에 관해 질문을 했다.

# 나라별 달리는 방식

❇ 영국인은 일단 달리면서 달리는 이유와 효과적으로 달리는 방법을 생각하고,
❇ 프랑스인은 무턱대고 달린 다음 목적지에 다다라서는 '내가 왜 왔지?'하고 반문하고,
❇ 독일인은 출발점에서 왜 달려야하며 어떻게 달려야 하는지를 생각한 다음 달리고,
❇ 한국인은 남이 달리니까 덩달아 달리면서 무조건 1등을 하고 보자는 식이다.

삶을 살아가는데 있어 절대적으로 가장 좋은 방법이라는 것은 없다. 때와 상황에 따라서 방법을 달리할 수가 있어야 한다. 그러나 사람들은 그 자신의 방법에 애착이 심하여 그 테두리를 쉽게 벗어나지 못한다. | 몽테뉴

# 나라별 제일 좋아하는 단어

❀ 어느 날, 하나님이 지구를 방문하여 각 나라 사람들에게 '제일' 좋아하는 단어가 무엇이냐고 물었다. 그러자

❀ 영국인은 '전통'이라고 대답했고,
❀ 프랑스인은 '자유'라고 대답했고,
❀ 중국인은 '중심'이라고 대답했고,
❀ 일본인은 '최신'이라고 대답했고,
❀ 한국인은 '그거'라고 대답했다.
❀ 하나님이 그게 뭐냐고 묻자, 한국인은 그거 '제일'이라고 대답했다.

# 나라별 가장 아름다운 말

❀ 세상에서 가장 아름다운 말은

❀ 프랑스어로는 '즈 뗌므!'이고,
❀ 독일어로는 '이히 리베 디히!'이고,
❀ 이탈리아어로는 '띠 아모!'이고,
❀ 러시아어로는 '야 바스 류블류!'이고,
❀ 중국어로는 '워 아이 니!'이고,
❀ 일본어로는 '아이시떼이루!'이고,
❀ 영국어로는 '아이 러브 유!'이고,
❀ 한국어로는 '사랑해!'이다.

훌륭한 말의 문법은 사리분별력이다. | 세르반테스

# 각국 학생들의 대답

※ 서울에 있는 한 국제학교에서 한국어 교수가 각국 학생들에게 '노랗다'와 '노리끼리하다'라는 말의 차이를 잘 이해할 수 있겠느냐고 물었다. 그러자

※ 프랑스 학생은 '알쏭달쏭하다'라고 대답했고,
※ 독일 학생은 '애매모호하다'라고 대답했고,
※ 중국 학생은 '아리송하다'라고 대답했고,
※ 일본 학생은 '아리까리하다'라고 대답했고,
※ 가봉 학생은 '긴가민가하다'라고 대답했다.

# 천국나라의 문화

❋ 천국은 다중적인 문화로 이루어져있다.

❋ 영국인이 법을 만들고,
❋ 프랑스인이 옷을 디자인하고,
❋ 독일인이 자동차를 만들고,
❋ 중국인이 요리를 하고,
❋ 일본인이 가전제품을 만들고,
❋ 한국인은 인터넷을 즐긴다.

문화와 관습에는 고정된 틀이 있을 수 없다. 현자들은 문화와 관습에 얽매이지 않으면서도 그것의 바람직한 전형을 만들었다.
| 회남자

# 파란색 말을 구하기 위하여

❀ 세계적인 부자가 파란 색 말(馬)을 구해 오는 사람에게 백만 달러를 주겠다고 광고를 냈다. 그러자 이 광고를 본

❀ 미국인은 총을 들고 멕시코 국경을 넘어갔고,
❀ 영국인은 탐험대를 조직해서 아프리카로 떠났고,
❀ 프랑스인은 당나귀를 사다가 파란색 페인트칠을 했고,
❀ 독일인은 동네 도서관으로 달려가 관련서적을 뒤졌고,
❀ 중국인은 고비사막을 지나 몽골 초원으로 들어갔고,
❀ 일본인은 밤을 새가며 개구리 피부에 푸른색 털을 심어 나갔고,
❀ 한국인은 네이버, 다음, 야후, 구글을 넘나들며 인터넷을 뒤졌다.

# 각국 남자들의 특성

✺ 여자 친구의 집을 방문하여 분위기가 좀 익숙해지면

✺ 영국 남성은 안경을 벗고,
✺ 독일 남성은 넥타이를 끄르고,
✺ 네덜란드 남성은 웃옷을 벗고,
✺ 벨기에 남성은 신발 끈을 풀고,
✺ 프랑스 남성은 조심스레 옷을 한 가지씩 벗고,
✺ 이탈리아 남성은 여자의 옷을 벗긴다.

여자는 자신을 사랑하지 않는 질투심 많은 남자를 싫어하지만, 자신을 사랑하는 남자가 질투심을 일으키지 않으면 화를 낸다.
| 라끌로

# 괴한들이 휩쓸고 지나간 이후

※ 각국 여자들이 함께 생활하는 기숙사에 괴한들이 침입하여 그녀들의 정조를 유린한 뒤 휩쓸고 지나갔다. 그러자

※ 영국 여성은 소문이 퍼질 것을 두려워했고,
※ 독일 여성은 깨끗이 잊고 재기할 것을 다짐했고,
※ 프랑스 여성은 별로 신경 쓰지 않았으며,
※ 미국 여성은 도망가는 괴한들을 향해 휘파람을 불며 '연락처는 어떻게 되지?'하고 소리쳤고,
※ 한국 여성은 책임지라며 짐 보따리를 들고 그들의 뒤를 쫓아갔다.

# 각국 여자들의 이상형 남자

✽ 미국 여자들의 이상형 남자는 람보 같은 근육질 남자이고,

✽ 프랑스 여자들의 이상형 남자는 알랭 들롱 같은 감미로운 남자이고,

✽ 일본 여자들의 이상형 남자는 다루기 쉬운 노예형 남자이고,

✽ 한국 여자들의 이상형 남자는 잘생기고, 돈 많고, 인간성 좋고, 힘 좋고, 매너 좋고, 다정다감한 남자이다.

사랑은 화관에 머무는 이슬방울같이 청순한 혼의 그윽한 곳에 머문다. | F. R 라므네

# 세계 제일의 남자

❀ 이탈리아인과 프랑스인, 미국인이 서로 자랑을 했다.

❀ 이탈리아인이 말했다.
"내가 세계 최고의 플레이보이다."

❀ 프랑스인이 말을 가로막고 나섰다.
"무슨 소리, 내가 세계 제일의 플레이보이야."

❀ 그러자 미국인이 지지 않고 말했다.
"웃기지 마라, 내가 세계에서 제일 강한 남자다."

❀ 결국 세 사람은 카사노바를 찾아가서 판결을 받기로 했다.

그로부터 몇 시간 후…

❀ 이탈리아인이 만족스런 표정으로 카사노바의 방을 나

오며 말했다.
"하하, 그것 봐라. 내가 제일이다!"

❇ 프랑스인 역시 웃음 띤 표정으로 카사노바의 방을 나오며 말했다.
"내가 뭐랬어, 내가 제일이라 그랬잖아!"

❇ 다음은 미국인이 벌레 씹은 표정으로 카사노바의 방을 나오며 말했다.
"제기랄, 한국의 변강쇠가 어떤 놈이야?"

# 세계 제일의 나라들

※ 세계에서 권투를 가장 잘하는 나라는 칠레이고,
※ 세계에서 바느질을 가장 잘하는 나라는 가봉이고,
※ 세계에서 가장 거만한 나라는 오만이고,
※ 세계에서 가장 수완이 좋은 나라는 수단이고,
※ 세계에서 굶은 사람이 가장 많은 나라는 헝가리이다.

국가가 그 권위에 대한 비판을 어느 정도까지 허용 하는가가 그 국가가 사회의 충성심을 어느 정도까지 쥐고 있는가에 대한 가장 확실한 지표이다. | **조지프 래스키**

# 나라별로 아주 많은 것

❀ 잔잔한 호수에서 쿠바인, 독일인, 한국인, 일본인 이렇게 네 사람이 함께 뱃놀이를 즐기고 있었다.

❀ 그런데 쿠바인이 갑자기 비싼 시거를 한 모금 빨더니 호수에 던져버렸다. 사람들이 왜 비싼 시거를 호수에 버리느냐고 묻자, 쿠바인은 '우리나라에는 이런 시거가 아주 많아요!'라고 대답했다.

❀ 잠시 후, 독일인이 맥주를 한모금 마시더니 역시 맥주병를 호수에 던져버렸다. 사람들이 왜 아까운 맥주를 호수에 버리느냐고 묻자, 독일인은 '우리나라에는 이런 맥주가 아주 많아요!'라고 대답했다.

❀ 얼마 있다가, 지금까지 잠자코 있던 한국인이 갑자기 일본인을 번쩍 들어 호수에 던져버렸다. 사람들이 깜짝 놀라 '도대체 지금 무슨 짓을 하는 거요? 사람을 죽일 작정이요?'하고 물었다.

✺ 그러자 한국인이 대답했다.
"일본에는 이런 일본인이 아주 많아요!"

# 나라별 관계발전

❀ 미국인은 서로 친해지기 쉽지 않지만 일단 친해지면 합리적이고,
❀ 중국인은 서로 친해지기 쉽지 않지만 일단 친해지면 오래가고,
❀ 일본인은 서로 친해지기 쉽지만 친해져도 그 속내를 알 수 없고,
❀ 한국인은 서로 친해지기 수운데다 친해지면 곧 형님 아우, 언니 동생으로 발전한다.

낙(樂)이란 같아짐을 위한 것이요, 예(禮)란 달라짐을 위한 것이다. 같아지면 친해지고, 달라지면 공경하게 된다. | 논어

# 일본 폭주족 두목의 증언

❈ 미국의 폭주족들은 오토바이 뒤에 짧은 가죽 치마나 찢어진 청바지를 입은 여자들을 태우고 다니면서 스피드를 즐긴다.

❈ 하루는 미국 폭주족 두목이 동료들에게 '야, 우리 심심한데 일본에나 쳐들어가보자. 일본 놈들은 우리보다 덩치도 작고 하니 우리가 가지고 놀면 재미있을 거야!'라고 제안했다. 그래서 그들은 떼를 지어 일본으로 쳐들어갔다. 그런데 예상과는 달리 일본 폭주족들은 오토바이 뒤에 사시미 칼이나 체인 같은 것들을 주렁주렁 달고 다니고 있었다.

❈ 미국 폭주족 두목이 잔뜩 겁을 먹으면서 그들에게 물었다.
"야, 우리는 오토바이 뒤에 여자들을 태우고 다니면서 즐기는데, 너희들은 왜 그런 무시무시한 것들을 매달고 다니는 거냐?"

✺ 그러자 일본 폭주족 두목이 정색을 하며 대꾸했다.
"야, 우린 아무 것도 아냐! 한국 형님들은 뒤에 가스통을 달고 다녀."

# 위트, 유머, 풍자, 해학

❀ 재치 있는 것을 좋아하는 프랑스인들은 위트를 즐기고,
❀ 재미있는 것을 좋아하는 미국인들은 유머를 즐기고,
❀ 비꼬기를 좋아하는 러시아인들은 풍자를 즐기고,
❀ 익살스러운 것을 좋아하는 한국인들은 해학을 즐긴다.

진정한 유머는 머리에서 나온다기보다 마음에서 나온다. 그것은 웃음에서 나오는 것이 아니라 더 깊이 잠겨 있는 조용한 미소에서 나온다. | 칼라일

# 3국인의 가보 자랑

❈ 미국, 영국, 한국 이렇게 세 나라 사람이 서로 가보 자랑을 했다.

❈ 먼저 미국인이 말했다.
"우리 집에는 무려 250년 전에 프랭클린 할아버지가 피뢰침으로 잡은 번갯불이 유리병에 담겨져서 전해 내려오고 있지!"

❈ 그러자 영국인이 말했다.
"그래?… 우리 집에는 무려 320년 전에 뉴턴 할아버지가 주운 만류인력 사과가 냉장고에 보관되어 있거든!"

❈ 그러자 이번엔 한국인이 말했다.
"아이고, 우리 집에는 무려 2천년 전에 박혁거세 할아버지가 태어난 그 알 껍질이 전해 내려오고 있는데!"

## 제2장

# 쇠고기~표어
# 암소~응원구호

나약한 민족은 그 민족의 강력한 사람들을 나약하게 만들고, 강력한 민족은
그 민족의 나약한 사람들을 강력하게 만든다.

# 나라별 쇠고기 활용율

❋ 일본인은 소 한 마리를 19등분해서 가려먹는데 전체의 50%를 먹고,
❋ 프랑스인은 소 한 마리를 25등분해서 가려먹는데 전체의 60%를 먹고,
❋ 한국인은 소 한 마리를 38등분해서 가려먹는데 전체의 85%를 먹는다.

그들이 입을 옷은 만들지 않고, 그들이 먹을 식량을 다스리지 않고, 그들이 마실 포도주를 짜지 않는 민족은 슬플 지어다.
| 칼릴 지브란

# 암소 두 마리를
# 사육하라고 했더니

❋ 세계 식량기구에서 각 나라에 암소 두 마리를 주어 잘 사육하라고 했더니, 다음과 같은 일이 벌어졌다.

❋ 미국은 암소 두 마리 중 한 마리는 우주개발 실험에 쓰고 나머지 한 마리로부터 열 마리 분의 젖을 짜려다가 소가 죽자, 그것을 각 부위별로 나누어 한국 등에게 수입하라고 압력을 가했다.

❋ 영국은 암소 두 마리의 헤딩 실력을 테스트 한 다음, 한 마리는 맨체스터 유나이티드팀 소속으로, 다른 한 마리는 토튼햄 핫스퍼팀 소속으로 하여 카우미어리그 축구 경기를 벌였다.

❋ 프랑스는 암소 두 마리가 수소를 찾아 애정행각을 벌이도록 자유를 주는 한편, 샹젤리제 거리에서 '연인을 데리고 돌아온 암소 두 마리'라는 제목의 연극을 공연했다.

❇ 독일은 엄격한 교육을 통해 암소 두 마리에게 자율번식사상을 주입시킴으로서, 암소 두 마리가 스스로 공업용 암소, 군사용 암소, 소시지용 암소 등 수십 마리의 암소로 번식하도록 했다.

❇ 중국은 암소 두 마리를 계기로 '흑우백우'정책을 펴서 한국, 미국, EU 등에게 더 많은 소를 끌고 들어오면 싼 인건비로 초코우유, 딸기우유, 바나나우유 등 다양한 우유를 생산 할 수 있게 해준다고 홍보한 다음, 내부적으로는 소 젖꼭지에 무거운 세금을 부과하는 정책을 폈다.

❇ 일본은 암소 두 마리의 나체사진을 찍어 주간지에 공개하는 한편, 그것을 모델로 털 없는 암소를 만들어 크기를 1/10로 줄인 다음, 코키몬이란 캐릭터를 개발해 전 세계에 팔았다.

✺ 한국은 암소 두 마리를 서울대 수의학과에 주어 많은 난자를 생산토록 한 다음, 11개의 암소줄기세포 배양에 성공했지만, 나중에 그 난자는 염소의 난자와 바꿔치기한 것이라는 주장이 나와 검찰이 수사에 나섰으나 결국 미궁에 빠졌다.

# 그릇과 국민성

❀ 영국인은 놋쇠 솥과 같아 화끈 달아오르지도 않고 달아오른다 하더라도 겉으로는 얼마나 뜨거운지 알 수가 없고,

❀ 프랑스인은 스텐 냄비와 같아 화끈하게 달아올랐다가 맵시 있게 식고,

❀ 중국인은 돌솥과 같아 달구기는 어렵지만 한 번 뜨거워지면 좀처럼 식지 않고,

❀ 한국인은 양은냄비와 같아 쉽게 달아오르고 쉽게 식으며, 모든 게 달아올랐을 때 그때뿐이다.

나약한 민족은 그 민족의 강력한 사람들을 나약하게 만들고, 강력한 민족은 그 민족의 나약한 사람들을 강력하게 만든다.
| 칼릴 지브란

# 나라별 유머 감각

❀ 세계적인 코미디언이 각국 사람들을 모아놓고 재미있는 유머를 펼쳤다. 그러자

❀ 영국인은 유머를 끝까지 다 듣고 나서 웃었고,
❀ 프랑스인은 유머를 다 듣기도 전에 웃어버렸고,
❀ 독일인은 유머를 듣고 난 다음날 아침에 웃었고,
❀ 중국인은 유머를 듣고도 못 들은척했고,
❀ 일본인은 유머를 듣고 그대로 따라 했고,
❀ 한국인은 인터넷을 통해 그 유머를 마구 퍼뜨렸다.

# 애인이 생기면

❀ 젊은 남자에게 애인이 생기면

❀ 미국인은 제일 먼저 차를 가지러 차고로 달려가고,
❀ 영국인은 돈을 찾으러 은행으로 달려가고,
❀ 프랑스인은 꽃을 사러 꽃집으로 달려가고,
❀ 한국인은 손을 잡으러 영화관으로 달려간다.

여자는 가령 백 명의 남자에게 속았더라도, 백 한 번째 남자를 사랑한다. | G. 킹켈

# 나라별 행복의 순간

❀ 영국, 프랑스, 독일, 한국 이렇게 네 나라 사람에게 어느 때 가장 행복하냐고 물었다. 그러자

❀ 영국 사람은 단풍이 아름다운 가을 주말 시골 별장에 친구들을 초대해 놓고 사냥이야기를 할 때가 가장 행복하다고 대답했고,

❀ 프랑스 사람은 화창한 봄날 노트르담 사원으로 소풍을 가기 위해 빵, 포도주, 치즈 등을 챙겨 약속 장소인 센 강변에서 애인을 만날 때가 가장 행복하다고 대답했고,

❀ 독일 사람은 행복이란 소유 또는 만족을 욕망으로 나눈 값이라고 정의 할 때가 가장 행복하다고 대답했고,

❀ 한국 사람은 우리는 이제야 비로소 생활 속에 행복이란 개념을 끌어들이기 시작했다고 대답했다.

# 나라별 연애 소설의 특징

❀ 영국의 연애소설은 처음부터 남자와 여자가 서로 사랑하지만, 결국 두 사람의 사랑이 성취되지 못한다는 얘기이고,

❀ 프랑스의 연애소설은 처음에는 남녀의 연애가 잘 진행되는가 싶다가도, 어느 순간 두 사람이 각기 다른 상대를 찾는다는 얘기이고,

❀ 러시아의 연애소설은 남녀가 처음부터 그리워하고 그런 상태로 5백 페이지 가량 끌고 가다가, 그 때문에 번민한다는 얘기이고,

❀ 한국의 연애소설은 두 남녀가 열렬히 사랑하는데 여자가 백혈병으로 죽고, 남자가 슬픔 속에 방황하다 다른 여자를 만났는데, 불행히도 그녀는 그 남자의 배다른 동생이라는 얘기이다.

소설이 존재하는 유일한 이유는 그것이 인생을 탐구하려고 시도하기 때문이다. | 헨리 제임스

# 나라별 두 남자와 한 여자

❀ 배가 난파를 당해 표류하다 두 명의 남자와 한 명의 여자가 가까스로 살아남아 무인도에 살게 되었다고 가정할 때

❀ 세 사람 모두 영국 사람이라면 누구도 정식으로 자기를 소개하는 사람이 없어 침묵으로 일관하고,
❀ 세 사람 모두 프랑스 사람이라면 여자가 한 남자와 결혼한 다음 다른 남자와 바람을 피우고,
❀ 세 사람 모두 스페인 사람이라면 여자를 앞에 두고 두 남자가 결투를 벌이고,
❀ 세 사람 모두 러시아 사람이라면 여자가 사랑하지 않는 남자와 결혼 뒤 셋이서 하염없이 바다를 바라보며 한숨짓고,
❀ 세 사람 모두 한국 사람이라면 여자가 한 남자와 결혼하지만, 이내 그를 사랑하지 않아 다른 남자를 마음속으로 연모한다.

# 3국의 젓가락 문화

✽ 중국의 대나무 젓가락은 옹고집 대륙문화의 소산이고,
✽ 일본의 일회용 나무젓가락은 절개 없는 섬나라 문화의 소산이고,
✽ 한국의 금속제 젓가락은 적당한 무게와 예절을 지닌 반도문화의 소산이다.

진정한 문명은 가스나 증기에 있는 것이 아니요, 회전테이블에 있는 것도 아니다. 그것은 원죄(原罪)의 자국을 조금씩 지워가는데 있다. | 보들레르

# 나라별 가장 먼저 한 일

❊ 중국, 일본, 한국 이렇게 세 나라에 각각 '극동3국 문화 비교 연구소'가 설립되었다. 그러자

❊ 중국은 우선 각계각층에 초청장을 띄우고 기념 연회를 열어 연구소 기금을 모금했고,
❊ 일본은 제일 먼저 여러 권의 관련서적을 구입해 도서 자료를 갖추었고,
❊ 한국은 제일 먼저 크고 멋진 간판을 만들어 사무실 입구에 걸어놓았다.

# 나라별 꿈과 이상

❈ 중국 사람들의 꿈과 이상은 중화(中華) 속에 있고,
❈ 인도 사람들의 꿈과 이상은 선과 악의 개념 속에 있고,
❈ 유대 사람들의 꿈과 이상은 계시 속에 있고,
❈ 한국 사람들의 꿈과 이상은 홍익인간 속에 있다.

진정으로 강한 사람은 치열하면서도 온화해야한다. 또한 이상주의자이면서 현실주의자이어야 한다. | 마르틴 루터

# 후손에게 물려줘야 할 덕목들

❀ UN 소속의 한 조사원이 각 나라 사람들에게 '인류가 후손에게 물려줘야 할 가장 중요한 덕목은 무엇이냐'고 물었다. 그러자

❀ 미국인은 '개척정신'이라고 대답했고,
❀ 영국인은 '신사도정신'이라고 대답했고,
❀ 프랑스인은 '탐미정신'이라고 대답했고,
❀ 독일인은 '근면성'이라고 대답했고,
❀ 스위스인은 '신용정신'이라고 대답했고,
❀ 이스라엘인은 '애국심'이라고 대답했고,
❀ 인도인은 '비폭력정신'이라고 대답했고,
❀ 중국인은 '중용'이라고 대답했고,
❀ 일본인은 '단결심'이라고 대답했고,
❀ 한국인은 '은근과 끈기'라고 대답했다.

# 나라별 술과 국민정서

❀ 미국인은 칵테일처럼 화려하게 혼합된 다양성을 지니고 있고,
❀ 영국인은 위스키처럼 투명한 지성을 지니고 있고,
❀ 프랑스인은 포도주처럼 달콤한 감성을 지니고 있고,
❀ 독일인은 맥주처럼 끓어오르는 정열을 지니고 있고,
❀ 한국인은 소주처럼 독한 오기를 지니고 있다.

술은 비와 같다. 즉 진흙에 내리면 진흙을 더욱 더럽게 하나, 옥토에 내리면 옥토에서 꽃이 피게 한다. | J. 헤이

# 3국인의 개 다루는 법

❋ 미국인과 러시아인 그리고 한국인이 길을 가다가 사나운 개 한 마리를 만났다. 개가 길을 가로막고 마구 짖어대자

❋ 미국인이 나서서 말했다.
"착한 도그야, 내가 달러를 듬뿍 줄 테니 진정하렴!"
그러나 개는 여전히 짖어댔고,

❋ 이번에는 러시아인이 나서서 말했다.
"이 똥개야, 그만둬라. 그러지 않으면 당장 잡아서 가둬버릴 테다!"
그러나 개는 더욱 흥분해서 미친 듯 으르렁거렸다.

❋ 이번엔 한국인이 나서서 개에게 다가가 뭐라고 귓속말로 속삭였다.
그러자 개는 그만 슬그머니 꼬리를 내리고 사라졌다.

❀ 미국인과 러시아인이 의아해서 한국인에게 물었다.
"아니, 개한테 뭐라고 했기에 개가 찍소리 않고 사라지는 거요?"

❀ 그러자 한국인이 대답했다.
"별거 아니었소. 난 그냥 복날이 언제냐고 물어봤을 뿐이오!"

# 메일을 열었을 때의 나라별 반응

❀ 메일을 열었는데 스팸 메일이 하나도 없을 때

❀ 미국인은 '아싸, 스팸이 없다!(Hooray, no spam here!)'라고 말하고,
❀ 중국인은 '만세, 한 통의 쓰레기 편지도 없다!(萬歲, 一封郵件也沒有!)'라고 말하고,
❀ 한국인은 '오예, G mail에는 스팸 메일이 없습니다!'라고 말한다.

교사의 임무는 학생들에게 독창적인 표현과 지식의 희열을 불러 일으켜주는 것이다. | 아인슈타인

# 세 번째 낙하산의 비극

※ 영국, 미국, 일본, 중국, 한국 이렇게 5개국 사람이 탄 비행기가 갑자기 심하게 흔들리더니 아래로 급강하하기 시작했다.

※ 영국인 조종사가 다급한 목소리로 '엔진에 불이 붙었습니다. 비행기는 이제 속수무책입니다. 우리는 모두 다섯 사람인데 낙하산은 네 개밖에 없습니다. 저는 할 도리를 다 했습니다. 지금부터는 각자 알아서 하십시오!'하고는 낙하산 하나를 짊어지고 비행기 밖으로 뛰어내렸다.

※ 그러자 제일 먼저 미국인이 얼른 낙하산 하나를 짊어지더니 '미안합니다, 나는 기업가인데 수많은 노동자들과 그 가족들을 보살피지 않으면 안 됩니다.'하고는 비행기 밖으로 뛰어내렸다.

※ 다음엔 일본인이 낙하산 하나를 짊어지더니 '나는 의사인데 수많은 환자들이 나를 기다리고 있습니다. 미안합

니다.'하고는 역시 비행기 밖으로 뛰어 내렸다.

✺ 이제 낙하산은 하나밖에 남지 않았다. 한국인이 중국인을 바라보며 비장하게 말했다.
"내가 양보하겠소. 어서 남은 낙하산을 메고 뛰어내리시오!"

✺ 그러자 중국인은 감동적인 눈초리로 한국인을 바라보며 대답했다.
"아니오, 굳이 그렇게 하지 않아도 되겠소. 왜냐하면 조금 전 일본 의사 놈이 내 배낭을 메고 뛰어 내렸거든요!"

# 세계의 위트 속담 1
## (그리스, 브라질, 인도, 이탈리아)

❋ 여자와 수박은 우연히 선택된다. (그리스)
❋ 여자와 길은 굴곡이 심할수록 위험하다. (브라질)
❋ 코끼리로부터는 일곱 걸음, 소로부터는 열 걸음, 여자로부터는 스무 걸음, 주정뱅이로부터는 서른 걸음 떨어지는 것이 좋다. (인도)
❋ 황소를 다룰 때는 앞쪽을, 말을 다룰 때는 뒤쪽을, 여자를 다룰 때는 사방팔방을 조심하지 않으면 안 된다. (이탈리아)

재치 있게 지껄일 수 있는 위트도 없고, 그렇다고 해서 침묵을 지킬 만큼의 분별력도 없다는 것은 커다란 불행이다.
| 라 브뤼에르

# 3국 남자의 힘겨루기 시합

❋ 미국, 프랑스, 한국 이렇게 세 나라 여자가 서로 자기 남편의 힘이 세다고 자랑을 하다가 그럼 과연 누구의 힘이 제일 센지 시합을 하기로 했다. 이윽고 그날 저녁 여자들은 각자 자기 남편을 불러 바지를 벗긴 다음, 서방님들의 물건에 물이 든 주전자를 걸어 누가 가장 오래 버티는지 보기로 했다.

❋ 드디어 시합이 시작되고, 3개국 남편들은 아내들 앞에 나란히 서서 여자들의 응원에 맞춰 저마다 안간힘을 쓰기 시작했다.

❋ 그런데 막상 미국 남자의 물건이 크기만 컸지 힘을 못 쓰고 주전자가 자꾸만 아래로 처졌다. 그러자 다급해진 미국 여자가 자존심이 상해서 '여보 제발 힘 좀 내요!'하면서 부랴부랴 자신의 치마를 내리고 팬티까지 홀랑 벗었다.

❀ 그러나 결국 미국 남자의 주전자는 땅에 툭 떨어지고, 대신 이를 지켜보던 프랑스 남자와 한국 남자의 주전자가 위로 벌떡 올라갔다.

# 할 일이 없으면

❋ 마땅히 할 일이 없을 때

❋ 인도인은 명상을 하고,
❋ 몽골인은 칼을 갈고,
❋ 중국인은 파리를 잡고,
❋ 베트남인은 잠을 자고,
❋ 일본인은 만화를 그리고,
❋ 한국인은 사우나에 간다.

우리가 어느 날 마주칠 어떤 재난은 우리가 소홀히 보낸 어느 시간의 결과이다. | 나폴레옹

# 소원을 이루어주는 바위

❀ 어떤 마을에 인도인, 한국인, 일본인 이렇게 세 나라 사람이 서로 라이벌 관계로 살고 있었다. 그런데 마을 뒷산에는 자신의 소원을 과거형으로 말하면 그 소원을 이루어주는 커다란 바위가 있었다.

❀ 제일 먼저 깨달음을 얻고 싶었던 인도인은 마을 뒷산으로 올라가 바위 앞에 무릎을 꿇고 '저는 깨달음을 얻은 현자가 되고 싶었습니다.'라고 말했다. 그러자 그는 즉시 현자가 되었다.

❀ 인도인의 소식을 들은 한국인은 다음날 마을 뒷산으로 올라가 바위 앞에서 '저는 유엔사무총장이 되고 싶었습니다.'라고 말했다. 그러자 그도 즉시 유엔사무총장이 되었다.

❀ 인도인과 한국인의 소식을 전해들은 일본인은 이제 한시도 지체할 수가 없었다. 그래서 그는 당장 마을 뒷산으

로 올라가 바위 앞에 서서 큰 소리로 외쳤다.
"나는 대동아공영권 일본제국 총리대신이 되고 싶소!"

✺ 그러나 한참을 기다려도 웬일인지 아무런 변화가 없었다. 화가 난 일본인은 바위를 향해 버럭 소리를 질렀다.
"아니 이게 뭐야? 나만 쪼다 됐잖아!"
그러자 그는 즉시 쪼다가 되었다.

# 나라별 버스 안 표어

✸ 영국의 버스 안에는 '가급적 운전사와 대화하는 것을 삼가주십시오.'라고 쓰여 있고,

✸ 독일의 버스 안에는 '승객은 운전사와 잡담하는 것을 금합니다.'라고 쓰여 있고,

✸ 이탈리아의 버스 안에는 '운전사가 떠들어도 승객은 절대 대답하지 마시오.'라고 쓰여 있고,

✸ 한국의 버스 안에는 '오늘도 무사히!'라고 쓰여 있다.

세상에는 우월한 문화도 열등한 문화도 없다. 다만 살기 위해 적응한 다양한 문화가 있을 뿐이다. | 글라우드 레바스트로스

# 전염된 응원구호

❀ 다국적군 캠프에서 고공낙하 훈련이 시작되었다. 이륙한 전투기가 지상 3천 피트 상공에 이르자 조교가 각국 병사들에게 말했다.
"순간의 실수가 곧 죽음이다. 모두들 정신 바짝 차리고 본 조교가 '점프!'라고 명령하면 각자 하고 싶은 말 한 마디씩을 외치며 비행기 밖으로 뛰어내리기 바란다!"

❀ 제일 먼저 미국인 병사가 명령을 하달 받자 '오 마이 달링!'하고 외치며 비행기 밖으로 몸을 던졌다.

❀ 다음으로 일본인 병사는 '천황폐하 만세!'라고 외치며 비행기 밖으로 몸을 던졌다.

❀ 다음으로 폴란드인 병사는 '지저스 크리스트!'하고 외치며 비행기 밖으로 뛰어내렸다.

❀ 이제 마지막 남은 사람은 한국인 병사뿐이었다. 조교

가 '점프!'라고 명령하자, 한국인 병사는 큰 소리로 '대~한 민 국!'하고 외치며 비행기 밖으로 몸을 던졌다.

❇ 그런데 잠시 후, 한국인 병사 옆으로 누군가 스쳐며 아래로 쏜살같이 떨어지고 있었다. 어찌된 일인가?… 한국인 병사의 외치는 소리에 조교가 자기도 모르게 '짝짝짝~ 짝짝!'하고 손뼉을 치다가 그만 비행기 밖으로 떨어졌던 것이다.

# 제3장

# 인물~이상형
# 사람~자랑

혼자만의 재치 있고, 유머 넘치고, 고무적인 인용구들이 담긴 작은 노트를 만들어 보라. 우울하거나 기분이 처지는 날에 그 인용구들을 읽으며 자신을 독려하면 큰 효과가 있을 것이다.

# 나라별 인물 부재

❋ 미국인 중에 세계적인 철학자 없고,
❋ 영국인 중에 세계적인 음악가 없고,
❋ 프랑스인 중에 세계적인 모럴리스트 없고,
❋ 독일인 중에 세계적인 코미디언 없고,
❋ 일본인 중에 세계적인 자선사업가 없고,
❋ 한국인 중에 세계적인 외교관 없다.

위인이 될 수 있는 자는 역경에 처해도 불만을 품지 않고, 영달을 해도 지나치게 기뻐하지 않고, 실패를 해도 좌절하지 않고, 성공을 해도 자만하지 않는다. | 장자

# 나라별
# 물에 빠진 사람 구하는 법

✺ UN 재난구조본부가 각국에서 파견된 직원들에게 '물에 빠진 사람을 구하는 법'을 연구해서 보고하라고 했다. 그러자

✺ 미국 직원은 세계 여러 나라에 구조대를 파견하도록 압력을 가하면 된다고 보고했고,
✺ 독일 직원은 볼록거울로 햇빛을 모아 강물을 증발시킨 다음 구하면 된다고 보고했고,
✺ 이스라엘 직원은 물이 두 갈래로 갈라지기를 기도하여 구하면 된다고 보고했고,
✺ 중국 직원은 수심이 얕은 쪽으로 가서 물에 빠진 사람이 그쪽으로 떠내려 올 때까지 기다리면 된다고 보고했고,
✺ 일본 직원은 주가를 대폭 끌어올려 물에 빠진 사람의 투자심리를 자극하면 스스로 헤엄쳐 나온다고 보고했고,
✺ 한국 직원은 강물을 전기분해서 산소와 수소로 분리한 뒤, 둑을 막고 그곳을 재개발지역으로 지정하면 일부러 구할 필요가 없다고 보고했다.

# 각국인의 인생 목표

❀ 미국인의 인생의 목표는 멋있는 물질주의자가 되는 것이고,
❀ 영국인의 인생의 목표는 이상적인 적응주의자가 되는 것이고,
❀ 프랑스인의 인생의 목표는 예술적인 플레이보이가 되는 것이고,
❀ 이탈리아인의 인생의 목표는 낭만적인 레이서가 되는 것이다.

큰 재주를 가졌다면 근면이 그 재주를 더욱 빛나게 해 줄 것이고, 보통의 재주밖에 가지지 못했다면 근면은 그 부족함을 채워 줄 것이다. ㅣJ. 레이놀즈

# 나라별 뛰는 놈과 나는 놈

※ '세계 대단한 놈 위원회'에서 나라별로 '뛰는 놈과 나는 놈'에 대해 한 마디씩 해보라고 했다. 그러자

※ 미국인은 '뛰는 놈이나 나는 놈이나 다 내 핵우산 안에 있다.'라고 말했고,
※ 영국인은 '뛰는 놈이 나는 놈을 따라잡으려면 더욱 실력을 갈고 닦아야 한다.'라고 말했고,
※ 프랑스인은 '뛰는 놈이 나는 놈을 따라잡으려면 떼제베를 타면 된다.'라고 말했고,
※ 독일인은 '변증법적으로 볼 때 뛰는 놈과 나는 놈 다음엔 희한한 놈이 나온다.'라고 말했고,
※ 이탈리아인은 '뛰는 놈이나 나는 놈이나 모두 로마로 통한다.'라고 말했고,
※ 중국인은 '뛰는 놈이건 나는 놈이건 잡기만 하면 된다.'라고 말했고,
※ 일본인은 '뛰는 놈이 물 속에 가라앉기 전에 나는 놈을 많이 사놔야 한다.'라고 말했고,

🏵 한국인은 '뛰는 놈의 소원도 통일이고 나는 놈의 소원도 통일이다.'라고 말했다.

# 나라별 남는 것

✸ 미국인이 거쳐 가면 프로야구가 남고,
✸ 영국인이 거쳐 가면 작위가 남고,
✸ 프랑스인이 거쳐 가면 사생아가 남고,
✸ 중국인이 거쳐 가면 음식이 남고,
✸ 일본인이 거쳐 가면 상표가 남고,
✸ 한국인이 거쳐 가면 화투장이 남는다.

경지에 도달한 사람은 어떤 일을 해도 흔적을 남기지 않는다. 그렇기 때문에 그에게는 공(功)이라는 것이 없다. | 장자

# 각국인을 향한
# 어느 호텔의 경고문

❀ 국제 관광박람회가 열리는 어떤 도시의 한 호텔 게시판에 다음과 같은 경고문이 나붙었다.

❀ 미국인, 당신들은 밤에 신원 미상의 여자를 객실로 끌어들이지 마시오.
❀ 영국인, 당신들은 너무 고상한척 하지 마시오.
❀ 이탈리아인, 당신들은 제발 객실 비품 좀 집어가지 마시오.
❀ 러시아인, 당신들은 술 좀 작작 마시시오.
❀ 중국인, 당신들은 다른 손님들도 있으니 제발 조용히 좀 하시오.
❀ 일본인, 당신들은 떼로 몰려다니면서 아무 데서나 사진 좀 찍지 마시오.
❀ 한국인, 당신들은 그놈의 '고!' 소리 좀 살살 지르시오.

# 나라별 자녀 교육법

❀ 함께 길을 가다 어린 자녀가 넘어졌을 때

❀ 미국인 어머니는 자기 스스로 일어나도록 격려하여 주고,
❀ 독일인 어머니는 스스로 일어나게 한 다음 왜 넘어졌는지 그 원인을 말하게 하고,
❀ 프랑스인 어머니는 '네가 넘어졌으니 네가 일어나라'라고 말하고,
❀ 한국인 어머니는 '아이구 내 새끼!'하며 얼른 일으켜 세운다.

자식은 내 것이면서 내 것이 아니다. 내 것이기에 더욱 교육에 의무를 다하여 그들에게 자립할 수 있는 능력을 길러 주어야 하고, 또 내 것이 아니기에 해방시켜 모든 것을 그들 자신의 것으로 해주어야 하며, 하나의 독립인으로 만들어야 한다. | **노신**

# 각 나라 여자들의
# 서로 다른 충고

❀ 국제적인 한 사교클럽에서 인색한 스코틀랜드 여자가 각 나라 여자들에게 '우리 집 가정부가 툭하면 접시를 깨뜨리는데 어떻게 해야 좋을지 모르겠어요.'라고 푸념을 했다. 그러자

❀ 돈 많은 미국 여자는 접시를 여분으로 더 사놓으라고 충고했고,
❀ 합리적인 독일 여자는 가정부의 급료에서 접시 값을 제하라고 충고했고,
❀ 거침없는 프랑스 여자는 그녀를 해고하라고 충고했고,
❀ 인정 많은 한국 여자는 가정부의 급료를 올려주라고 충고했다.

# 이별할 때와 이별한 후

❀ 남녀가 이별할 때

❀ 미국인들은 서로의 행복을 빌어주고,
❀ 일본인들은 자신의 새 애인을 소개시키고,
❀ 한국인들은 서로에게 저주를 건다.

❀ 남녀가 이별한 후에

❀ 미국인들은 친구로 지내고,
❀ 일본인들은 가끔씩 만나 안부를 묻고,
❀ 한국인들은 다시는 못 볼 원수로 지낸다.

이별의 시간이 될 때까지 사랑은 그 깊이를 알지 못한다.
| 칼릴 지브란

# 3국 여자들의 팬티 쇼핑

❀ 중국, 일본, 한국 이렇게 세 나라 여자들이 함께 백화점에 팬티를 사러 갔다. 속옷 코너에 이르자

❀ 중국 여자는 12장을 샀다. 1월, 2월, 3월… 일년은 열두 달이기 때문에.
❀ 일본 여자는 5장을 샀다. 월요일부터 금요일까지 한 장씩, 토요일과 일요일엔 애인과 함께 보내야 하기 때문에.
❀ 한국 여자는 7장을 샀다. 하루에 한 장씩 일주일은 7일이기 때문에.

# 나라별 상류층의 조건

❀ 미국의 상류층의 조건은 여행·야구·요트·골프 등 여가생활에 관한 것들이고,
❀ 영국의 상류층의 조건은 페어플레이·아량·지식·정의 등 성품에 관한 것들이고,
❀ 프랑스의 상류층의 조건은 예술·패션·악기·요리 등 멋에 관한 것들이고,
❀ 한국의 상류층의 조건은 땅·별장·고급차·명품 등 소유에 관한 것들이다.

어떤 사나이가 무거운 금덩어리를 허리에 차고 바다에 가라앉아 죽었다면, 그가 금을 소유한 것인가 아니면 금이 그를 소유한 것인가? | 존 러스킨

# 각국 남자들의
# 넥타이 고르는 법

❋ 각국 남자들이 함께 백화점에 넥타이를 사러갔다. 넥타이 코너에 이르자

❋ 미국 남자가 물었다.
"이거 세계에서 제일 좋은 건가요?"
❋ 영국 남자가 물었다.
"이거 품위 있는 겁니까?"
❋ 프랑스 남자가 물었다.
"이거 요즘 유행하는 건가요?"
❋ 독일 남자가 물었다.
"이거 얼마나 오래 맬 수 있죠?"
❋ 일본 남자가 물었다.
"이거 얼마나 깎아 줄 수 있나요?"
❋ 한국 남자가 물었다.
"이거 진짭니까 가짭니까?"

# 3국인의 싸우는 이유와 방법

❊ 중국인은 실리를 놓고 모략의 창으로 싸우고,
❊ 일본인은 명예를 놓고 패기의 칼로 싸우고,
❊ 한국인은 명분을 놓고 용기의 활로 싸운다.

땅이 크고 사람이 많은 나라가 큰 나라가 아니다. 땅이 작고 인구가 적어도 위대한 인물이 많은 나라가 위대한 나라이다.
| 이준 열사

# 나라별 작전명령

❋ 한중일 연합군과 유럽 연합군 사이에 전쟁이 벌어졌다. 전세가 격화되자 한중일 연합군 사령부로부터 동양 3국에 다음과 같은 명령이 하달되었다.

❋ 중국은 백만의 보병을 동원하여 인해전술을 준비하라!
❋ 일본은 최첨단 군 장비를 동원하고 가미가제 특공대를 대기시켜라!
❋ 한국은 즉각 해병대와 공수특전단을 투입시켜 적의 심장부를 공격하라!

# 나라별 국기의 발현

❊ 별을 품은 중국인은 오성홍기를 만들었고,
❊ 해를 품은 일본인은 일장기를 만들었고,
❊ 우주를 품은 한국인은 태극기를 만들었다.

오이씨를 심으면 오이를 얻고, 콩을 심으면 콩을 얻는다. 하늘의 그물이 넓고 넓어서 보이지 않으나 새지 않는다. | **열반경**

# 우주인 선발 면접시험

※ 미 항공우주국 나사(NASA)에서 화성에 사람을 보내려는 계획을 세웠다. 그런데 우주선에는 단 한 사람밖에는 탈 수 없고, 게다가 다시는 돌아오지 못할 가능성이 높은 매우 위험한 프로젝트였다.

※ 나사는 전 세계를 상대로 이 계획에 참여할 우주인을 모집했고, 마지막 한 명을 뽑기위해 최종 선발자 3명을 상대로 인터뷰를 실시했다.

※ 첫 번째 면접자는 독일인이었는데, 나사 담당자는 그에게 '프로젝트에 참여하는 대가로 얼마를 받기를 원하느냐'고 물었다. 그러자 그는 '10억 달러입니다. 저는 이 돈을 동서독 빈부격차 해소에 쓰겠습니다'라고 대답했다.

※ 두 번째 면접자는 일본인이었는데, 똑같은 질문에 대해 이렇게 대답했다.
"저는 백억 달러입니다. 저는 이 돈을 한국의 독도를 사들

이는데 쓰고 싶습니다."

❀ 마지막 면접자는 한국인이었다. 똑같은 질문에 대하여 한국인은 '저는 2백10억 달러를 받고 싶습니다.'라고 대답했다.

❀ 나사 담당자가 왜 그렇게 많은 돈을 원하며, 왜 하필 2백10억 달러냐고 묻자 한국인은 이렇게 대답했다.
"제게 2백10억 달러를 주면, 그 중 10억 달러는 독일인에게 줘서 동서독 빈부격차 해소에 쓰게 하고, 1백억 달러는 제가 후지산을 사는데 쓰고, 나머지 1백억 달러는 일본인을 화성에 보내는데 쓰겠습니다."

# 알몸이 되었을 때

❋ 여자가 갑자기 알몸을 보였을 때

❋ 폴리네시아 여성은 배꼽을 가리고,
❋ 아라비아 여성은 얼굴을 가리고,
❋ 중국 여성은 발을 가리고,
❋ 영국 여성은 가슴을 가리고,
❋ 미국 여성은 아무것도 가리지 않는다.

갈망하는 마음속에 존재하는 아름다움은 보는 사람의 눈 속에 존재하는 아름다움보다 훨씬 숭고하다. | 칼릴 지브란

# 두 나라 남자의 같은 점

✤ 한국 남자와 미국 남자가 호텔 창가에 서서 여자들의 행동에 관해 이야기를 나누고 있었다.

✤ 한국 남자가 말했다.
"우리나라 여자들은 대개 알몸이 되었을 때 아랫도리를 가립니다."

✤ 그러자 미국 남자가 말했다.
"그래요? 우리나라 여자들은 대개 가슴부터 가리는데…"

✤ 그런데 바로 그때, 두 남자가 서있는 맞은편 건물의 창가에 실오라기 하나 걸치지 않은 전라의 미녀가 나타났다. 그녀는 두 사람을 보고도 아무렇지 않은 듯 태연히 알몸으로 서서 커피를 마셨다. 두 사람은 한동안 넋을 잃고 그녀의 알몸을 감상했다.

✤ 그러더니 미국 남자가 한국 남자를 넌지시 바라보며

말했다.
"그렇지만 우리 남자들이 여자 알몸을 봤을 때, 바지주머니에 손을 넣고 용을 쓰는 건 한국 남자나 미국 남자나 마찬가지군요!"

# 세계의 위트 속담 2
# (일본, 이탈리아, 이스라엘, 에스파냐)

❀ 재수가 없으면 두부모서리에 머리를 부딪쳐도 죽는다. (일본)

❀ 운이 좋은 사람은 말뚝을 박아도 그것이 레몬나무로 자란다. (이탈리아)

❀ 가난한 사람이 암탉 한 마리를 잡아먹는 때는 그가 병에 걸렸거나, 아니면 암탉이 병에 걸렸거나 둘 중의 하나이다. (이스라엘)

❀ 40세까지는 여자가 따뜻하게 해주고, 40세가 넘으면 한 잔 술이 따뜻하게 해주고, 그로부터 훨씬 더 세월이 흐르면 난로조차도 따뜻하게 해주지 못한다. (에스파냐)

혼자만의 재치 있고, 유머 넘치고, 고무적인 인용구들이 담긴 작은 노트를 만들어 보라. 우울하거나 기분이 처지는 날에 그 인용구들을 읽으며 자신을 독려하면 큰 효과가 있을 것이다.
| 어니 J. 젤린스키

# 한국 남자의 비법 전수

✺ 한국인 남자와 일본인 남자가 바캉스 철을 맞아 함께 하와이 해변으로 놀러갔다. 소극적인 일본인 남자는 자기보다 한수 위인 한국인 남자에게 여자 꼬시는 법을 물었다.

✺ 그러자 한국인 남자가 말했다.
"간단하지. 내가 하는 걸 잘 보라구."
그러면서 그는 지나가는 예쁜 아가씨에게 다가가 수작을 걸었다.
"아가씨, 1에서 9까지의 숫자 중에서 제일 좋아하는 숫자 하나만 대보세요."

✺ 아가씨가 7이라고 대답하자 한국인 남자가 말했다.
"브라보! 오늘 저녁 저와 함께 식사를 하는 행운에 당첨되셨습니다. 제가 8시에 모시러 가죠."

✺ 그리고는 일본인 남자에게 '봤지? 나처럼 하면 되는 거야.'하고 알려줬다.

❀ 잠시 후, 일본인 남자는 한국인 친구가 알려준 대로 지나가는 예쁜 아가씨에게 다가가 수작을 걸었다.
"아가씨, 1에서 9까지의 숫자 중에서 제일 좋아하는 숫자 하나만 대보세요."

❀ 아가씨가 3이라고 대답하자 일본인 남자가 말했다.
"아깝네요, 7이라고 대답했으면 오늘 저녁 저와 함께 식사를 하는 행운에 당첨됐을 텐데!…"

# 4자성어로 바라본 3국인

❋ 감추기를 좋아하는 중국인은 오리무중의 국민이고,
❋ 겉과 속이 다른 일본인은 표리부동의 국민이고,
❋ 나타내기를 좋아하는 한국인은 간담상조의 국민이다.

웃음은 경직성을 유연성으로 교정하고, 각 개인을 다른 사람과 조화할 수 있도록 재 적응시키며, 날카로운 모서리를 둥글게 한다.
| 베르그송

# 3국인의 동물소리 자랑

❀ 중국, 일본, 한국 이렇게 세 나라 남자가 서로 자기가 동물 울음소리를 더 잘 낸다고 자랑했다.

❀ 먼저 중국 남자가 말했다.
"내가 꽥꽥거리고 오리 소리를 내면 어떻게 되는지 알아?… 새끼 오리들이 모두 나한테 몰려든다구!"

❀ 그러자 일본 남자가 지지 않고 말했다.
"그래? 내가 큰 소리로 개 짖는 소리를 내면 어떻게 되는지 알아?… 우편배달부가 기겁을 하고 나무 위로 기어 올라가지!"

❀ 그러자 이번엔 한국 남자가 웃으며 말했다.
"그래? 내가 수탉 울음소리를 내면 어떻게 되는지 알아?… 아침 해가 떠오른다구!"

# 각국 남자들의 이상형 여자

❀ 미국 남자들의 이상형 여자는 가슴이 크면서 섹시한 여자이고,
❀ 일본 남자들의 이상형 여자는 한국 여자이고,
❀ 한국 남자들의 이상형 여자는 청순가련형 여자이다.

여자를 늘 좋게 말하는 사람은 여자를 충분히 모르는 사람이며, 여자를 늘 나쁘게 말하는 사람은 여자를 전혀 모르는 사람이다.
| M. 루브랑

# 3국 황소의 마누라 자랑

✤ 일본, 미국, 한국 이렇게 세 나라 황소가 모여 서로 자기 마누라 자랑을 했다.

✤ 먼저 일본 황소가 말했다.
"난 우리 마누라 젖이 많이 나와서 항상 물 대신 젖을 마셔!"

✤ 그러자 미국 황소가 지지 않고 말했다.
"후후, 난 우리 마누라 젖이 많이 나와서 항상 젖으로 세수를 하거든!"

✤ 그러자 가만히 듣고 있던 한국 황소가 갑자기 핸드폰을 꺼내 자기 부인한데 전화를 걸더니 이렇게 말했다.
"여보 당신이야? 나 집에 가서 목욕 좀 하게 욕조에 젖 좀 받아 줘!"

> 제4장

# 최고~개성화
# UFO~속도

힘없는 정의는 무력하고, 정의 없는 힘은 폭력적이다. 그러므로 우리는 정의와 힘을 동시에 가져야 한다. 그러기 위해서는 옳은 자를 강하게 하거나 강한 자를 옳게 해야 한다.

# 나라별 최고와 최저

❀ 전통에 관해서는 최고의 미국인이 최저의 영국인만 못하고,
❀ 종교에 관해서는 최고의 영국인이 최저의 독일인만 못하고,
❀ 정치에 관해서는 최고의 독일인이 최저의 영국인만 못하고,
❀ 허풍에 관해서는 최고의 한국인이 최저의 중국인만 못하고,
❀ 사상에 관해서는 최고의 일본인이 최저의 한국인만 못하다.

많은 사람들이 충고를 받지만 오직 현명한 자만이 충고의 덕을 본다. 최고에 도달하려거든 최저에서 시작하라. | P. 시루스

# UFO 출현 시 나라별 대처법
(미국, 영국, 프랑스)

❋ 미국은 UFO가 떠 있는 지역으로 수십만 명의 군중들이 모여들기 시작한다. 그들 중 일부는 굉음이 나는 오토바이를 타고 있으며, 검정 가죽 재킷에 한 손에는 총을 들고 있다. 그들은 겁 없이 UFO를 향해 함부로 총질을 해대기도 하는데, 미국 내 모든 매스컴들은 이 상황을 실시간으로 취재해서 보도한다. 아이들은 저마다 람보, 터미네이터, 트랜스포머 등이 그려진 티셔츠를 입고 있으며, 마이크로소프트사 컴퓨터 프로그래머들이 UFO로부터 흘러나오는 음파를 해독해보려고 애쓰지만, 결국 아무 성과도 내지 못한다.

❋ 영국은 가뜩이나 흐린 날씨에 이상한 비행물체까지 나타나 햇빛을 가린다며 달가워하지 않으면서도 침착하게 일상생활을 영위한다. 일부 시민들은 외계인을 남태평양의 자기네 식민지 어디에서 온 특수 종족쯤으로 생각한다. 그리고 몇몇 정부 관계자는 UFO를 여왕이 거처할 제2의 왕궁으로 지정해야 한다고 주장한다.

❋ 프랑스는 관광청이 나서서 에펠탑 꼭대기로부터 UFO에 이르기까지 에스컬레이터를 설치하여 관광 상품화 하자고 제안한다. 그러나 노동청은 에펠탑 관광 종사자들이 이를 반대하며 스트라이크를 일으킬 것이 뻔하므로 그에 대한 대책이 선행되어야 한다고 주장한다. 그리고 전국의 젊은 여자들은 재빨리 남자친구에게 전화를 걸어 주말 데이트 장소를 UFO가 나타난 지역으로 변경하자고 애교를 떤다.

# 나라별 허가와 금지

❀ 독일에서는 허가되지 않은 것 외에는 모두 금지되어 있고,

❀ 프랑스에서는 금지되어 있는 것 외에는 모두 허가되어 있고,

❀ 러시아에서는 허가되어있는 것도 경우에 따라서는 금지되고,

❀ 한국에서는 허가되는 것과 금지되는 것이 수시로 바뀐다.

오른손으로 원을 그리고 왼손으로 사각형을 그리면, 양쪽 모두 이루어지지 않는다. | 한비자

# UFO 출현 시 나라별 대처법
## (독일, 러시아, 바티칸)

❇ 독일은 즉각 권위 있는 공학박사들을 소집하여 UFO의 특징을 파악한 다음 UFO가 떠있는 하늘을 공업화할 계획을 세운다. 일부 극우주의자들은 거리로 뛰쳐나가 UFO 옆구리에 卍자를 그려 넣자고 선동하며 행진하지만, 대부분의 국민들은 동요하지 않고 UFO를 화제로 이야기를 나누며 맥주를 마신다.

❇ 러시아는 정부가 대공미사일로 UFO를 격추시켜 그 잔해를 팔아 식량과 보드카를 수입할 계획을 세우지만, 우선은 체첸 반군을 진압하는 것이 급선무이기 때문에 나중으로 미룬다. 일부 국민들은 UFO를 옛 소비에트연방 시절 자기네 나라가 쏘아올린 인공위성이 되돌아온 것쯤으로 생각한다.

❇ 바티칸은 갑자기 괴 비행물체가 나타나 나라 전체의 상공을 가리어 어둡게 한 것이 악마의 소행이 아닌가 의심하지만, 곧 예배를 드릴 시간이라 더 이상 신경 쓸 겨를

이 없다. 모든 것은 하나님의 뜻이기 때문에 오로지 하나님께 대한 예배와 기도에만 전념한다.

# 그룹이 되었을 때의 나라별 특징

❋ 열 명이 모여 그룹이 되었을 때

❋ 열 명 중 8~9명이 서로 자기 얘기를 하며 큰 소리로 떠드는 그룹은 한국인 그룹이고,
❋ 열 명 중 5~6명이 서로 얘기하고 나머지는 이야기를 들으면서 연신 주위를 두리번거리는 그룹은 중국인 그룹이고,
❋ 열 명 중 한 사람이 말을 하고 나머지는 고개를 끄덕이면서 경청을 하는 그룹은 일본인 그룹이다.

말하는 것은 지식의 특권이고, 듣는 것은 지혜의 특권이다.
| 올리버 웬들 홈스

# UFO 출현 시 나라별 대처법 (한국, 중국, 일본)

✳ 한국은 네티즌들 사이에 문어 대가리 모양의 외계인이 63빌딩 안에 알을 낳은 다음, 현재 청와대 지붕 위에서 무궁화 2호기와 대치하고 있다는 루머가 삽시간에 일파만파로 퍼진다. 정부는 한-UFO간 FTA를 체결하면 국익에 큰 도움이 될 것이라고 발표하지만 국민들은 별 관심이 없고, 일부 돈 있는 지체 높으신 분들은 서둘러 미국행 비행기표를 예매한다.

✳ 중국은 갑자기 나타난 이상한 비행물체 따위엔 크게 신경 쓰지 않는다. UFO가 선제공격을 해서 한 10만 명 정도는 죽어야 다음 날 아침 조간신문 한 귀퉁이에 기사로 실린다. 간혹 장풍을 날려 UFO를 격추시키자고 주장하는 무림의 고수들이 나타나지만 크게 주목을 끌지 못한다.

✳ 일본은 정부가 UFO는 자기네 섬 일부가 떠오른 것이라고 주장하면서 그 주장을 교과서에 실으려 하지만, 주변국들의 강력한 반발에 부딪혀 무산되고 만다. 결국 일

본 국민들은 뒤늦게 UFO의 정체를 파악하고 UFO에 공격 당해 죽는 것이 장렬한 죽음인가, 아니면 열도가 가라앉아 물에 빠져 죽는 것이 더 장렬한 죽음인가를 놓고 고민하다가, 에반게리온이 실제로 없다는 것을 깨닫고 절망하여 대다수의 국민들이 자살해버린다.

# 나라별 속임의 사슬

🌼 이집트인은 시리아인에게 속고,
🌼 시리아인은 알바니아인에게 속고,
🌼 알바니아인은 폴란드인에게 속고,
🌼 폴란드인은 독일인에게 속고,
🌼 독일인은 이탈리아인에게 속고,
🌼 이탈리아인은 스페인인에게 속고,
🌼 스페인인은 집시에게 속고,
🌼 집시는 악마에게 속는다.

한 쪽의 말만 듣고 속임수에 넘어가지 말라. 그리고 자신의 능력도 생각하지 않고 과중한 책무를 맡지 말라. 또 자신의 장점을 나타내고자 남의 단점을 예로 들지 말라. 자기가 능하지 못한 일을 남이 잘한다고 꺼려하지도 말라. | **채근담**

# UFO 출현 시 나라별 대처법
# (이집트, 브라질, 인도)

❊ 이집트는 피라미드 상공에 UFO가 나타나자 정부가 나서서 그것은 옛날 람세스 왕 시절 자기네들이 숭배하던 태양신이 재림한 것이라고 발표한다. 국민들도 정부의 발표에 따라 저마다 UFO 아래에 제단을 쌓고 제사를 올리자 UFO는 조금씩 자신의 정체성에 대해 회의를 느끼기 시작한다.

❊ 브라질은 정부가 즉각 긴급 각료회의를 소집하여 UFO의 위험성 여부에 대해 논의한다. 그러나 그 결과가 나오기도 전에 국민들의 열화와 같은 성화에 못 이겨 UFO에서 축구경기를 할 수 있는지, 할 수 있다면 삼바축제도 함께 열 수 있는지부터 검토한다.

❊ 인도는 정부든 국민이든 모두 UFO를 타고 온 외계인이 어떤 종교를 믿고 있는지에 관심을 보인다. 가까스로 나라를 안정시켜 발전의 기틀을 마련했는데, UFO의 출현으로 인해 혹시 또 다른 종교 갈등이 생기지는 않을까 그

것부터 염려한다. 그러나 곧 국민들은 마음으로 믿어지지 않는 것은 존재하지 않는 것이기 때문에 UFO의 출현도 하나의 일시적인 현상으로 보고 수행을 계속한다.

# 알라, 주체, 정의, 비핵화

❀ 이란은 '알라'라는 이름으로 핵폭탄을 만들고,
❀ 북한은 '주체'라는 이름으로 핵폭탄을 만들고,
❀ 미국은 '정의'라는 이름으로 핵폭탄을 만들었고,
❀ 한국은 '비핵화'라는 이름으로 우산을 쓴다.

힘없는 정의는 무력하고, 정의 없는 힘은 폭력적이다. 그러므로 우리는 정의와 힘을 동시에 가져야 한다. 그러기 위해서는 옳은 자를 강하게 하거나 강한 자를 옳게 해야 한다. | **파스칼**

# UFO 출현 시 나라별 대처법
## (이란, 북한, 파푸아뉴기니)

❋ UFO가 나타나자 이란은 정부가 핵무기 개발이 늦어진 것을 통탄해 하며 전 국민을 상대로 성전에 참여할 것을 촉구하는데, 국민들은 UFO가 외계로부터 온 것인지 미국이 보낸 것인지 잘 알지 못하기 때문에, 일단 성지에 모여 알라신께 기도한 다음 미국과의 일전을 준비한다.

❋ 북한은 당의 고위간부들이 나서서 국민들이 UFO 출현 사실을 알지 못하도록 정보를 차단한 다음, 외계인을 상대로 '우리는 핵무기를 가지고 있다. 너희 UFO를 한 방에 불바다로 만들어버릴 수도 있다'라고 협박하여 외계인들이 가지고 온 식량을 뺏을 궁리를 한다. 국민들은 끝까지 UFO를 UN의 무슨 식량기구쯤으로 생각한다.

❋ 파푸아뉴기니는 괴 비행물체의 출현에 잔뜩 겁을 먹은 총독이 즉각 부족장 회의를 소집하여 전사들을 모집하는 한편 그들을 창과 방패 등으로 무장시킨다. 국민들은 전사들의 용맹성을 믿지만 일단 부족별로 고구마, 감자, 바

나나 등을 잔뜩 짊어지고 안전한 곳으로 피난을 떠난다.

# 지옥나라의 문화

❋ 지옥도 천국저럼 다중적인 문화로 이루어져 있다. 지옥에서는

❋ 영국인이 요리를 하고,
❋ 프랑스인이 택시를 운전하고,
❋ 독일인이 순찰을 돌고,
❋ 이탈리아인이 경비를 서고,
❋ 인도인이 철로를 깔고,
❋ 일본인이 교과서를 만들고,
❋ 한국인이 부동산 중개업을 한다.

지옥이란 신의 판결에 의해 심판지어 지는 것이 아니라, 자신의 결정이 가져오는 불가피한 결과이다. 지옥이란 부정적인 에너지의 계속적인 선택과 사랑으로부터 자신을 격리시키는 최종 결과이다.
| 데이비드 호킨스

# 어느 날 갑자기
# 백만장자가 되었다면

❀ 미국, 스페인, 중국, 한국 이렇게 네 나라 사람에게 '어느 날 아침에 깨어나 보니 백만장자가 되었다면 가장 먼저 무엇을 하시겠습니까?'라는 질문이 주어졌다. 그러자

❀ 미국 사람은 마이애미에 가서 애인을 구해 진탕 마시며 놀겠다고 대답했고,
❀ 스페인 사람은 마드리드에 투우장을 짓겠다고 대답했고,
❀ 중국 사람은 북경의 최고급 요리 집으로 달려가 코스요리를 즐기겠다고 대답했고,
❀ 한국 사람은 억만장자가 되기 위해 다시 잠자리에 들겠다고 대답했다.

# 나라별 음식문화

❀ 음식을 먹을 때

❀ 독일인은 양을 중시하고,
❀ 프랑스인은 질을 중시하고,
❀ 영국인인은 매너를 중시하고,
❀ 중국인은 향을 중시하고,
❀ 일본인은 모양을 중시하고,
❀ 한국인은 보신을 중시한다.

세상에서 가장 훌륭한 음식은 허기이다. | 세르반테스

# 나라별 논문의 소재

❋ 유네스코가 세계 여러 나라들로부터 코끼리에 관한 연구 논문을 모집했다. 그러자

❋ 독일로부터는 '코끼리학의 방법론에 관한 연구논문'이 접수되었고,
❋ 프랑스로부터는 '코끼리의 애정생활에 관한 연구논문'이 접수되었고,
❋ 영국으로부터는 '코끼리가 화물 운반에 얼마나 유용한가 하는 실용성에 관한 연구논문'이 접수되었고,
❋ 일본으로부터는 '세계 각국이 코끼리에 관해 어떤 연구 결과를 발표했는지에 관한 연구논문'이 이 접수되었고,
❋ 한국으로부터는 '코끼리가 정력증진과 보약에 미치는 영향에 관한 연구논문'이 접수되었다.

# 나라별 연애관

❀ 프랑스인에게 있어서 연애는 희극이고,
❀ 영국인에게 있어서 연애는 비극이고,
❀ 이탈리아인에게 있어서 연애는 오페레타고,
❀ 독일인에게 있어서 연애는 1막의 멜로드라마다.

여러 학식 있는 사람들이 갖가지 기계나 약품을 만들어 냈지만, 아직 여성이 원인이 되어 일어나는 병의 약을 만들어 내려는 학자는 없었다. | 안톤 체홉

# 각국 여자들의 반응

❀ 각 나라 여자들에게 '배가 난파하여 표류하다 외딴 섬에 상륙했는데 그곳에는 이성에 굶주린 수십 명의 사내들이 있었습니다. 당신은 어떻게 하시겠습니까?'라는 질문이 주어졌다. 그러자

❀ 미국 여자는 멋진 근육질의 남자를 찾겠다고 대답했고,
❀ 영국 여자는 남자들을 피해 숨을 곳을 찾겠다고 대답했고,
❀ 독일 여자는 그들과 함께 행군할 것이라고 대답했고,
❀ 프랑스 여자는 도대체 문제가 되는 게 뭐냐고 반문했고,
❀ 한국 여자는 돈 많고, 잘 생기고, 능력있는 남자를 찾아보겠다고 대답했다.

# 나라별 장기와 특기

❀ 손의 민족 중국인은 쿵푸와 탁구를 잘 하고,
❀ 칼의 민족 일본인은 검도와 꽃꽂이를 잘하고,
❀ 발의 민족 한국인은 태권도와 축구를 잘 한다.

쇳덩이는 사용하지 않으면 녹이 슬고, 물은 고이면 썩거나 추위에 얼어붙듯이 재능도 사용하지 않으면 녹슬어 버린다.
| 레오나르도 다빈치

# 3국 무사들의 검술 시합

❋ 한 중 일 3국의 무사가 검술 시합을 벌였다.

❋ 먼저 중국인 무사는 날아가는 파리를 단칼에 두 동강 내어 땅바닥에 떨어뜨렸다.

❋ 다음으로 일본인 무사는 공중에 칼을 한 번 휘둘러, 날아가던 파리가 땅바닥에 떨어져 벌벌 기어가게 만들었다.

❋ 마지막으로 한국인 무사는 바람을 가르며 날아가는 파리를 한 칼에 쳤는데, 파리가 무서운 기세로 그에게 달려들었다.

❋ 과연 어떻게 된 것이며, 누가 이긴 것인가?…

❋ 중국 무사가 떨어뜨린 첫 번째 파리는 몸이 두 동강나 즉사한 것이고, 일본 무사가 떨어뜨린 두 번째 파리는 양쪽 날개가 잘려 비행이 불가능하게 된 것이고, 한국 무사

가 떨어뜨린 세 번째 파리는 생식기가 잘려 성불구가 되자 화가 났던 것이다.

❋ 이로써 중국 무사와 일본 무사는 한국 무사 앞에 무릎을 꿇고 형님으로 모실 것을 맹세했다.

# 한국이
# 미국, 일본보다 우수한 점

❋ 세계에는 3천여 가지의 언어가 있고,
❋ 그 중 문자를 가진 나라는 100여개 국가이며,
❋ 그 중 자국어를 가진 나라는 28개 국가이며,
❋ 미국은 영국의 영어를 빌려다 쓰고 있고,
❋ 일본은 중국의 한자 일부를 떼어다 쓰고 있지만,
❋ 한국은 스스로 만든 우수한 한글을 쓰고 있다.

이 세상의 모든 위대한 진리는 처음에는 모국어로 시작된다.
| 조지 버나드 쇼

# 표현의 자유가 있는 나라

❋ 일본인이 한국인에게 말했다.
"일본에는 표현의 자유가 있습니다. 그래서 나는 수상 관저에 들어가서 수상의 책상을 주먹으로 쾅 내려치면서 '요즘 일본을 통치하는 방식이 도대체 마음에 안 들어요!'하고 소리칠 수도 있어요!"

❋ 그러자 한국인이 대꾸했다.
"그건 우리나라도 마찬가집니다."

❋ 일본인이 놀라며 반문했다.
"정말이요? 당신은 어떻게 할 수 있는데요?…"

❋ 그러자 한국인이 대답했다.
"나도 우리나라 청와대에 들어가서 대통령의 책상을 주먹으로 쾅 내려치면서 '요즘 일본 수상이 일본을 통치하는 방식이 도대체 마음에 안 들어요!'하고 소리칠 수 있어요!"

# 3국인의 행동 양식

❀ 중국인은 되는 것도 안 되는 것처럼, 쉬운 것도 어려운 것처럼, 아는 것도 모르는 것처럼, 있는 것도 없는 것처럼 행동하고,
❀ 일본인은 되는 것인지 안 되는 것인지, 쉬운 것인지 어려운 것인지, 승낙인지 거절인지 알 수 없게 행동하고,
❀ 한국인은 안 되는 것도 되는 것처럼, 어려운 것도 쉬운 것처럼, 모르는 것도 아는 것처럼, 없는 것도 있는 것처럼 행동한다.

요령이 좋은 사람과 현명한 사람의 차이는 요령이 좋은 사람은 현명한 사람이라면 절대로 빠지지 않아도 될 곤란한 상황에 빠져서 그 상황을 잘 빠져나가는 사람을 말한다. | 탈무드

# 3국인의 곤장 100대

❁ 중국, 일본, 한국 이렇게 세 나라 사람이 아프리카를 여행하다가 원주민에게 붙잡혀 곤장 100대씩을 맞게 되었다. 그런데 원주민 추장은 곤장을 치기 전에 세 나라 사람으로부터 각각 소원 한 가지씩을 들어주기로 했다.

❁ 먼저 중국인은 '제 엉덩이에 방석 10장을 올려 주십시오.'라고 말한 뒤, 곤장 100대를 맞았다.

❁ 그러자 이 광경을 지켜본 일본인은 '제 엉덩이에 침대 매트리스 10장를 올려 주십시오.'라고 말한 뒤, 곤장 100대를 맞고 나서 '역시 우리 일본인은 지혜로운 민족이야!'라고 말했다.

❁ 마지막으로 추장은 한국인에게 '네 소원은 무엇이냐?' 하고 물었다. 그러자 한국인은 '저 일본인을 제 엉덩이에 올려 주십시오.'라고 소원을 말한 뒤, 곤장 100대를 맞았다.

# 나라별 예술 특성

❀ 미국 사람들의 예술은 혼합 속에 있고,
❀ 프랑스 사람들의 예술은 자유 속에 있고,
❀ 독일 사람들의 예술은 절제 속에 있고,
❀ 일본 사람들의 예술은 모방 속에 있고,
❀ 한국 사람들의 예술은 기교 속에 있다.

누구에게나 느닷없이 어느 날 자기 자신이 마땅치 않고 타인에게 짜증나며, 무엇 하나 마음에 드는 게 없을 때가 있다. 예술도 그렇다. 기분이 나쁠 때는 조급해 하지 말아야한다. 충만함이나 힘은 도망가지 않는다. 나쁠 때에 흠뻑 쉬어 놓으면 좋을 때는 한층 더 좋아지는 법이다. | 괴테

# 각국의 경찰 수사력

❋ 세계 각 국의 경찰 수사력을 측정하는 대회가 열렸다. 경기 방법은 야산에 쥐 한 마리를 풀어놓고 다시 잡아들이는 경기였다.

❋ 미국 FBI는 인공위성과 아파치헬기와 열추적장치 등 최첨단 무기를 동원하여 반나절 만에 너덜너덜해진 쥐의 시체를 끌고 왔다.

❋ 중국 공안 경찰은 수십만 명의 경찰을 풀어 이틀 만에 쥐를 생포해 왔다.

❋ 일본 경찰은 가미가제 특공대를 조직하여 무차별 공격을 가함으로써 하루 만에 두 동강 난 쥐의 시체를 가지고 왔다.

❋ 한국 경찰은 몇 시간 만에 곰 한 마리를 끌고 왔다. 그런데 그 곰은 흠씬 두들겨 맞아 반병신이 된 상태였다. 심

판관이 쥐는 어디에 있느냐고 묻자, 한국 경찰은 곤봉으로 곰의 옆구리를 쿡 찔렀다. 그러자 곰이 깜짝 놀라며 다 죽어가는 목소리로 대답했다.
"제가 쥡니다. 꼴은 이래도 제가 쥐라고요!"

# 획일화와 개성화

❋ 획일화된 일본인은 리더가 오른쪽을 바라보면 모두가 그쪽을 바라보고,
❋ 개성화된 한국인은 리더가 오른쪽을 바라보면 30%는 오른쪽을 바라보고, 30%는 왼쪽을 바라보고, 30%는 위쪽을 바라보고, 10%는 돌부리를 걷어찬다.

한쪽으로 치우치지 않는 것을 중(中)이라 하고, 바뀌지 않는 것을 용(庸)이라 한다. 중이란 천하의 정도(正道)이고, 용이란 천하의 정해진 이치(理致)이다. | **중용**

# 두 나라 회사원의 속도 자랑

❁ 일본의 생명보험회사 직원과 한국의 생명보험회사 직원이 서로 자기네 회사 서비스가 더 빠르다고 다투고 있었다.

❁ 먼저 일본 생명보험회사 직원이 말했다.
"우리 회사처럼 보상이 빠른 데는 없을 겁니다. 우리 회사는 월요일에 고객이 죽으면 화요일 아침에 유족에게 보험금을 지급해줍니다."

❁ 그러자 한국 생명보험회사 직원이 말했다.
"우리 회사는 고층빌딩 45층에 있는데 지난주에 우리가 어떻게 했는지 아세요? 63층에 근무하는 고객이 창문으로 뛰어내렸고, 우리는 그 고객이 45층을 지날 때 보험금 수표를 건네줬어요!"

# 제5장

# 속담~해결법
# 세사람~통신기술

종은 누가 올리기 전까지 종이 아니다. 노래는 누가 부르기 전까지 노래가 아니다. 사랑도 함께 나누기 전까지는 사랑이 아니다.

# 세계의 위트 속담 3
## (영국, 중국, 이스라엘)

❁ 여자의 눈물과 개의 절름거림은 눈속임이 절반이다. (영국)
❁ 이 세상에 감출 수 없는 것 세 가지가 있는데, 그것은 사랑과 연기와 기침이다. (영국)
❁ 양초를 절약하기 위해 불을 일찍 끄고, 아이를 많이 낳으면 그건 절약이 아니다. (중국)
❁ 사람에게 상처를 입히는 것 세 가지가 있다. 빈민, 말다툼, 텅 빈 지갑. 그 중에서 텅 빈 지갑이 사람에게 가장 큰 상처를 입힌다. (이스라엘)

영국인이 대문자로 쓰는 유일한 글자는 나(I)이다. 이것은 그들의 민족성을 가장 뚜렷하게 말해 주는 것이다. ㅣA.루빈스타인

# 한 사람, 두 사람, 세 사람
(영국)

❋ 한 사람의 영국인, 그는 신사라고 한다. 늘 안개가 끼고 툭하면 비가 오는 날씨 때문인지 그들은 혼자일 때 집 안에 틀어박혀 조용히 독서를 하거나 사색을 하며 지낸다. 과묵하고 쉽게 흥분하지도 않으며, 전통과 실용을 중시하기 때문에 위대한 실용주의자들 중에는 영국 출신들이 많다.

❋ 두 사람의 영국인, 그들은 스포츠를 한다. 일찌감치 산업화에 성공해서 먹고사는 문제로부터 해방된 그들은 둘 이상 모이면 여가와 스포츠를 즐긴다. 그래서 테니스, 골프, 탁구, 배드민턴 등 유명 스포츠는 영국에서 유래한 것이 많다.

❋ 세 사람의 영국인, 그들은 제국을 만든다. 세계 곳곳에 식민지를 만들어 해가지지 않는 나라로 불렸던 그들. 공치기나 하고 노는 바보들 같았지만 단결과 실용을 바탕으로 세계사에 커다란 족적을 남겼다.

# 나라별 애국관

❀ 프랑스인에게 있어 애국심이란 문화적 자긍심에 대한 사랑이고,
❀ 영국인에게 있어 애국심이란 왕국에 대한 기사도이고,
❀ 미국인에게 있어 애국심이란 국가적 우월감에 대한 사랑이고,
❀ 러시아인에게 있어 애국심이란 대지에 대한 사랑이다.

애국심이란 그대가 그 나라에 태어났기 때문에 그 나라가 다른 어떤 나라보다 고귀하고 우월하다고 믿는 그대의 신앙이다.
| 조지 버나드 쇼

# 한 사람, 두 사람, 세 사람
(프랑스)

❀ 한 사람의 프랑스인, 그는 자유로운 영혼이라 한다. 활달한 성격에 세련된 감각과 날카로운 지성 그리고 유머감각까지 갖춘 프랑스인들, 그래서 위대한 예술가나 문인들 중에는 프랑스 출신들이 많다.

❀ 두 사람의 프랑스인, 그들은 연애를 한다. 자유로운 영혼 둘이 만나면 열정적이고 로맨틱한 사랑을 한다. 그래서 프랑스하면 무조건 낭만적인 사랑을 떠올리는 사람들이 많다.

❀ 세 사람의 프랑스인, 그들은 혁명을 일으킨다. 얽매이기 싫어하는 자유로운 영혼들은 때로는 반항적이다. 그래서 그들은 세계최초로 왕권에 도전하는 혁명을 일으켰으며, 그것을 프랑스대혁명이라고 한다.

# 셋이 모이면 1

❋ 영국인 셋이 모이면 클럽을 만들고,
❋ 프랑스인 셋이 모이면 혁명을 일으키고,
❋ 독일인 셋이 모이면 전쟁을 벌이고,
❋ 한국인 셋이 모이면 데모를 한다.

웃을 줄 아는 나라는 우울한 나라보다 강하고 생존 수명이 길다. 비스마르크 시절부터 독일은 허약한 나라가 되었다. 왜냐하면 그것은 무력이 허약해서가 아니라, 더 이상 재미있는 나라가 아니었기 때문이다. | 시드니 하리스

# 한 사람, 두 사람, 세 사람
(독일)

❋ 한 사람의 독일인, 그는 천재라고 한다. 차분하고 냉정한 성격에 학문을 숭상하는 분위기, 그런 속에서 과학과 철학의 큰 발전이 이루어졌다. 그래서 세계적인 과학자와 철학자들 중에는 독일 출신들이 많다.

❋ 두 사람의 독일인, 그들은 조직을 만든다. 일사불란하고 체계적인 것을 좋아하는 그들은 둘 이상 모이면 조직을 형성하여 움직인다.

❋ 세 사람의 독일인, 그들은 전쟁을 일으킨다. 그들의 일사불란한 조직은 너무 강해지면 호전적인 집단주의로 바뀌어 큰일을 저지르기도 한다. 보라, 제1,2차 세계대전은 모두 독일인이 일으켰다.

# 셋이 모이면 2

※ 중국인 셋이 모이면 세 개의 음식점이 생기고,
※ 미국인 셋이 모이면 세 개의 야구단이 생기고,
※ 일본인 셋이 모이면 세 개의 상사(商社)가 생기고,
※ 한국인 셋이 모이면 세 개의 당파가 생긴다.

중국인은 중용과 절충을 좋아한다. 가령 열 사람이 '이 방은 너무 어두우니 창을 하나 내야 한다'고 충고하더라도 결코 듣지 않는다. 그러나 만약 누군가가 '그럼 지붕을 파괴 해버리라'고 주장하면, 그들은 반드시 중용을 따라서 창을 만드는데 찬성하게 된다. 더 과격한 주장이 없으면 그들은 평화적인 개혁마저 하려 들지 않는다.
| 노신

# 한 사람, 두 사람, 세 사람
( 중국 )

❀ 한사람의 중국인, 그는 수완 좋은 상인이라 한다. '비단 장수 왕서방'이란 말은 결코 빈말이 아니다. 능란한 상술과 근면을 바탕으로 전 세계에 화교상권을 구축한 이들은 겉모습은 꾀죄죄해도 실제로는 대단한 알부자들이 많다. 그러나 의심이 많고 배타적인 면도 없지 않아 역사적으로 주변국들로부터 큰 호감은 받지 못했다.

❀ 두 사람의 중국인, 그들은 가족계획을 한다. 13억의 인구대국, 이들에게 있어 가족계획은 명랑국가 건설을 위한 필수조건이다.

❀ 세 사람의 중국인, 그들은 중화사상에 빠진다. 역사적으로 사서삼경, 성선설, 성악설, 무위자연설, 삼국지, 수호지, 만리장성, 화약, 종이 등 많은 업적을 남겼지만, 이제는 자기중심적 사고에서 벗어나 인류 정의와 사랑에 눈을 떠야 할 때다.

# 나라별 당면 과제

❀ 일본인에게 주어진 당면 과제는 열도가 가라앉기 전에 되도록 많은 다른 나라의 땅을 사들이는 것이고,
❀ 미국인에게 주어진 당면 과제는 골치 아픈 인종 차별을 극복하는 것이고,
❀ 한국인에게 주어진 당면 과제는 민족의 소원인 남북통일을 이룩하는 것이다.

어망을 쳐두면 기러기도 잡히며, 버마재비가 먹이를 노리면 참새가 또 그 뒤를 엿보나니, 기교 속에 기교가 있고 이변 밖에 이변이 생기는지라. 사람의 지혜나 계교를 어찌 족히 믿겠는가? | **채근담**

# 한 사람, 두 사람, 세 사람
(일본)

✺ 한사람의 일본인, 그는 쪼다라고 한다. 거대한 경제공룡 일본, 그러나 그 속에서 살아가는 개개인의 실상은 너무나도 초라하다. 일단 외모부터 키도 작고, 덧니 투성이의 얼굴은 못난이 인형 같고, 머리도 한국인들보다 나쁘다. 그저 굽실굽실 고분고분… 덕분에 아주 예의바른 사람이란 소리는 듣지만, 혼자서는 워낙 소심하고 주눅이 들어있어서 그런 것이다.

✺ 두 사람의 일본인, 그들은 모방을 한다. 우수한 기술이나 제품들이 많지만 그것은 모두 모방해서 발전시킨 것이다. 심지어 남녀간의 사랑도 프랑스나 미국을 따라하고, 장난감 로봇이나 만화가 발달한 것도 가상현실 속에서 모방하기를 좋아하기 때문이다.

✺ 세 사람의 일본인, 그들은 대영제국을 흉내 내서 어쩌다 대일본제국이라고 하긴 했는데, 워낙에 쪼다들이라 원자폭탄 두 방 맞고 폭삭했다. 요즘은 한국에 교과서나 독

독 문제로 시비 거는 재미로 사는데, 한국은 언제나 축구로 그들의 기를 완전히 죽여 놓는다.

# 그래서인지

❋ 이스라엘과 독일에 이어 세계에서 3번째 머리 좋은 민족으로 선정된 한국인,

❋ 그래서인지 그들은 미국인 2억 명이 100년 넘게 걸려 완성한 인터넷과 핸드폰 기술을 단 30년 만에 간단히 뛰어넘었고,

❋ 그래서인지 그들은 격한 싸움이 붙는 데까지도 단 30분이 걸리지 않는다.

당신의 의견이 비록 옳다고 하더라도 무리하게 남을 설득시키려고 하는 것은 현명한 일이 아니다. 의견이란 못질과 같아서 두들기면 두들길수록 자꾸 앞이 들어갈 뿐이다. 진리는 인내와 시간에 의해 저절로 밝혀질 것이다. | **스피노자**

# 한 사람, 두 사람, 세 사람
(한국)

❀ 한 사람의 한국인, 그는 전인적인 영재라고 한다. 옛날이나 지금이나 한국인의 영원한 교육이념은 전인교육이다. 국가에 충성하고 부모에게 효도하는 것은 기본이거니와 명석한 두뇌를 바탕으로 어려서부터 많은 것을 배워서 못하는 것이 없다. 인물 준수하고 공부도 잘하는데다 피아노, 태권도, 수영, 골프, 컴퓨터, 바둑, 전자오락 등 한국인은 세계 어디 내놔도 절대 뒤지지 않는다.

❀ 두 사람의 한국인, 그들은 피 튀기는 경쟁을 한다. 모두가 잘나다 보니 자기보다 더 잘난 꼴을 눈뜨고 못 본다. 늘 독불장군식 개성으로 인해 둘 이상 모이면 서로 경쟁을 하는데, 간혹 경쟁이 과열되어 피 튀기는 싸움으로 번지기도 한다.

❀ 세 사람의 한국인, 그들은 고스톱을 친다. 둘이 피 튀기는 싸움을 벌이다가도 광 팔 사람만 있으면 사이좋게 둘러앉아 고스톱을 친다. 그러다가 속였느니 어쨌느니 하

면서 더 심각하게 싸우는 수도 있다. 그렇지만 한강의 기적을 일궈낸 민족인 만큼, 이제는 백두산의 정기와 한라산의 정기를 모아 한반도의 기적을 일궈낼 차례다.

# 나라별 여가 활동

✽ 한가할 때

✽ 오스트리아인은 작곡을 하고,
✽ 독일인은 연주를 하고,
✽ 이탈리아인은 노래를 부르고,
✽ 영국인은 노래를 감상하고,
✽ 미국인은 노래 감상료를 지불하고,
✽ 일본인은 잘 감상했다고 인사를 한다.

종은 누가 올리기 전까지 종이 아니다. 노래는 누가 부르기 전까지 노래가 아니다. 사랑도 함께 나누기 전까지는 사랑이 아니다.
| 오스카 햄머스타인

# 피사의 사탑에 대한 나라별 반응

❀ 각국 사람들이 함께 피사의 사탑으로 관광을 갔다. 그러자 기울어진 사탑을 보고

❀ 프랑스인이 말했다.
"피카소 같은 천재 예술가가 세운 게 틀림없어!"
❀ 독일인이 말했다.
"아니, 측량도 안 해보고 세우다니!"
❀ 이라크인이 말했다.
"이크, 이거 호크미사일 공격을 받았군!"
❀ 중국인이 말했다.
"이거 발굴하다 말았군!"
❀ 일본인이 말했다.
"여기도 지진이 났었네!"
❀ 한국인이 말했다.
"어떤 놈이 건축비 빼돌리고 부실공사 한 거야?"

# 나라별 음주 방법

❀ 위스키의 향기로움을 좋아하는 영국인은 코로 술을 마시고,

❀ 와인의 달콤함을 좋아하는 프랑스인은 혀로 술을 마시고,

❀ 맥주의 시원함을 좋아하는 독일인은 목구멍으로 술을 마시고,

❀ 소주의 알싸함을 좋아하는 한국인은 가슴으로 술을 마신다.

사람은 다섯 가지 이유에서 술을 마신다. 축제일이기 때문에, 갈증을 해소하기 위해, 미래를 거부하기 위해, 멋진 술을 찬양하기 위해, 그리고 마지막으로 어떤 이유에서든. | 프리드리히 뤼케르트

# 인터내셔널 바에서 1

❋ 인터내셔널 바에서 각국 사람들이 한 잔 하는데, 그들의 맥주잔에 각각 파리가 한 마리씩 빠졌다. 그러자

❋ 미국인은 물끄러미 술잔을 바라보다가 고소를 하겠다고 사진을 찍었고,
❋ 영국인은 말없이 밖으로 나가버렸고,
❋ 프랑스인은 술잔의 맥주를 바닥에 쏟아버렸고,
❋ 이탈리아인은 술잔 속의 파리를 집어낸 다음 맥주를 마셨고,
❋ 중국인은 멍하니 있다가 그냥 통째로 맥주를 마셔버렸고,
❋ 일본인은 중국인이 하는 짓을 보고 나서 자신의 술을 중국인에게 팔았고,
❋ 한국인은 배상을 하라며 술집을 뒤엎어 버렸다.

# 나라별 건배 용어

✺ 미국인은 '치어스!' 하고,
✺ 캐나다인은 '토스트!' 하고,
✺ 프랑스인은 '아보뜨르쌍떼!' 하고,
✺ 독일인은 '프로스트!' 하고,
✺ 러시아인은 '스하로쇼네!' 하고,
✺ 중국인은 '칸페이!' 하고,
✺ 일본인은 '간빠이!' 하고,
✺ 한국인은 옛날에는 '위하여! 했고, 요즘에는 '원샷!' 한다.

우리는 서로의 건강을 위해 건배를 하고, 그 건배로서 자신의 건강을 해친다. | J.K 제롬

# 인터내셔널 바에서 2

※ 인터내셔널 바에서 각국 사람들이 한 잔 하는데, 그들의 맥주잔에 각각 파리가 한 마리씩 빠졌다. 그러자

※ 스위스인은 재빨리 파리를 건져낸 다음 살릴 방법을 모색했고,
※ 인도인은 맥주잔 속의 파리를 바라보며 명상에 들어갔고,
※ 멕시코인은 거품 위의 파리를 입으로 후후 불어낸 다음 맥주를 마셨고,
※ 인디언은 맥주와 함께 파리를 마셔버렸고,
※ 유태인은 조심스럽게 맥주를 마신 다음 파리를 인디언에게 팔았다.

# 나라별 국가(國歌) 이름

❀ 영국의 국가는 '신이여 우리의 여왕을 보호하소서'이고,
❀ 프랑스의 국가는 '마르세유 군단의 노래'이고,
❀ 독일의 국가는 '황제 찬가'이고,
❀ 미국의 국가는 '성조기여 영원하라'이고,
❀ 덴마크의 국가는 '크리스천 왕은 돛대위에 서서'이고,
❀ 스웨덴의 국가는 '우리의 참마음'이고,
❀ 노르웨이의 국가는 '우리가 사랑하는 신의 나라'이고,
❀ 한국의 국가는 '애국가'이다.

제멋대로 하는 영웅주의, 분별력 없는 잔학행위, 그리고 애국이라는 이름으로 행해지는 몰상식한 짓들, 그리고 전쟁이란 얼마나 비열하고 수치스러운 것인가? 나는 그렇게 비열한 행위를 하는 일부분이 되느니 차라리 조각조각 찢기고 싶다. | 아인슈타인

# 나라별 IQ 와 토론 주제

※ 어떤 국제학술회의장에서…

※ 한국인이 말했다.
"난 IQ가 180이야."
※ 그러자 터키인이 말했다.
"난 IQ가 179야."
※ 그러자 칠레인이 말했다.
"난 IQ가 178이야."
※ 그들은 곧 자리를 잡고 국제통상조약에 관해 열띤 토론을 시작했다.
※ 그런데 바로 그때, 옆 자리에서 이것을 지켜본
※ 미국인이 말했다.
"난 IQ가 33야."
※ 그러자 일본인이 말했다.
"난 IQ가 22이야"
※ 그리고 그들도 곧 자리를 잡고 미일방위조약에 관해 열띤 토론을 시작했다.

# 나라별 선호 색과 자동차

❋ 청색을 좋아하는 프랑스인은 '프랑코 블루'의 푸조를 만들었고,
❋ 푸른색을 좋아하는 영국인은 '잉글랜드 그린'의 재규어를 만들었고,
❋ 은색을 좋아하는 독일인은 저먼 '그레이'의 아우디를 만들었고,
❋ 붉은 색을 좋아하는 이탈리아인은 '이탈리안 레드'의 페라리를 만들었다.

푸른 색깔은 남색에서 나오지만 남색보다 더 푸르고, 얼음은 물이 만들지만 물보다 더 차다. | 순자

# 두 나라 샐러리맨의 회사 자랑

※ 프랑스 샐러리맨과 영국 샐러리맨이 서로 자기네 회사가 더 크다고 말다툼을 벌였다.

※ 먼저 프랑스 샐러리맨이 자기네 회사는 사무실에서 사용하는 잉크 값만으로도 1년에 3백만 프랑을 소비한다고 자랑했다.

※ 그러자 영국 샐러리맨이 지지 않고 말했다.
"그래? 우리 회사는 문서를 작성할 때 i자에 점을 찍지 않고, t자에 횡선을 긋지 않는 것만으로도 1년에 그 정도의 돈은 절약하는데!…"

# 나라별 분쟁 해결법

✹ 외국여행 도중 현지인과 분쟁이 발생했을 때

✹ 미국인은 자기네 대사관에 쪼르르 달려가서 일러바치고,
✹ 일본인은 무조건 돈으로 해결하려 들고,
✹ 중국인은 주변에 있는 모든 중국인들을 불러 모아 떼로 덤비고,
✹ 한국인은 대사관에 연락하긴 하는데, 결국은 혼자서 해결한다.

합한 두 사람은 흩어진 열 사람보다 낫다. | W. NL 영안

# 3국의 통신기술 수준

❀ 미국의 과학자들이 지하 10미터를 파 내려가다가 작은 구리조각 하나를 발견했다. 그러자 미국은 2만 년 전에 이미 전국적인 전화망을 가지고 있었다고 발표했다.

❀ 그러자 자존심이 상한 일본은 과학자들을 시켜 지하 20미터를 파보라고 했다. 과학자들이 작은 유리조각 하나를 발견하자, 일본은 이미 2만 5천년 전에 전국적인 광통신망을 가지고 있었다고 발표했다.

❀ 이에 화가 난 한국은 과학자들에게 지하 30미터를 파보라고 했다. 그런데 과학자들은 아무 것도 발견하지 못했다. 그러자 한국은 이미 3만 년 전에 무선 통신망을 가지고 있었다고 발표했다.

## 제6장

# 독서~행복지수
# 이름~지구

신앙으로부터 종교로, 시골의 오솔길로부터 도시의 뒷골목으로, 지혜로부터 이론으로 떠나가는 민족은 슬플지어다.

# 나라별 독서 취향

※ 미국인은 정치 관련 서적을 많이 읽고,
※ 영국인은 유명인이 쓴 책을 많이 읽고,
※ 일본인은 자기계발서를 많이 읽고,
※ 프랑스인은 자기나라 저자가 쓴 책을 좋아하고,
※ 독일인은 각종 소설책을 좋아하고,
※ 캐나다인은 모험관련 책을 좋아하고,
※ 한국인은 분야에 관계없이 무조건 재미있는 책을 좋아한다.

책은 그것을 이해하는 사람에 의해서만 전해지고, 사물은 그것을 분별하는 사람에 의해서만 귀하게 여겨진다. | 갈홍

# '캐나다' 라는 이름의 유래

✽ 〈세종어제 국호실록〉 '유머편'에 다음과 같은 내용이 기록되어 있다.

✽ 대략 6백 년 전쯤에는 캐나다와 미국과 일본과 중국이 우리나라에 조공을 바치는 나라였다.

✽ 그런데 어느 날 캐나다 사신이 우리나라 세종대왕님을 찾아와서 간청했다.
"폐하, 저희 나라는 아직 이름이 없습니다. 저희 나라의 이름을 뭐라 하는 게 좋을 런지요?"
✽ 그러자 세종대왕님께서 잠시 고민하시더니 '가나다로 하여라.' 라고 말씀하셨다. 이에 캐다다 사신은 '이 은혜 백골난망이옵니다.'하면서 가지고 온 선물을 바친 뒤 자기네 나라로 돌아갔다.
✽ 그리고 그 뒤 나라 이름을 '가나다'의 자기네 식 발음인 '캐나다'로 하였다.

# 최상의 삶이란

❊ 남자에게 있어 최상의 삶은

❊ 미국인 월급을 받으며,
❊ 영국식 주택에서,
❊ 스위스인 재산관리인에게 재산을 맡기고,
❊ 베네수엘라 미인을 아내로 두고,
❊ 중국식 요리를 먹으며 사는 삶이다.

행복은 물질로 가득 채워지는 것이 아니라 마음이 가득 채워지는 것이다. 모든 사람들은 왜 그토록 행복을 바라는 것일까? 그건 아마 텅빈 마음을 가득 채우고 싶기 때문일 것이다. | **타샤 튜더**

# '아메리카' 라는 이름의 유래

❀ 캐나다가 세종대왕님으로부터 멋진 국호를 하사받아 가자, 이웃나라인 미국은 부럽기도 하고 질투가 나기도 했다. 그래서 그들도 얼른 사신을 보내와 나라 이름을 지어달라고 간청 했다.

❀ 그런데 마침 그 때 세종대왕님께서는 과학연구에 몰두하고 계셨으므로, 미국 사신이 찾아와 귀찮게 하자 손을 휘휘 내저으면서 '아무러케나 지어버려!'하고 호통을 치셨다.

❀ 그러자 미국 사신은 '성은이 망극하옵니다. 아무러케 그걸로 하겠습니다!'하면서 본국으로 돌아가 세종대왕님께서 나라 이름을 '아무러케'로 지어주셨다고 보고를 했다.

❀ 그래서 오늘날 미국의 이름은 '아무러케'의 자기네 식 발음인 '아메리카'가 되었다.

# 최악의 삶이란

❀ 남자에게 있어 최악의 삶은

❀ 중국인 월급을 받으며,
❀ 일본식 주택에서,
❀ 미국인 여자를 아내로 두고,
❀ 영국식 요리를 먹으며,
❀ 러시아인처럼 일하며 사는 삶이다.

이 세상을 살아가는 최고의 방편은 타협하지 않고 적응하는 것이다. 늘 타협하면서도 이에 따라 아무런 적응도 하지 못하는 자는 불행한 자이다. | 게오르크 짐멜

# '재팬'이라는 이름의 유래

❀ 캐나다와 미국이 세종대왕님으로부터 멋진 나라이름을 하사받아가자, 이번에는 '왜'라는 국호를 가진 섬나라 일본이 부리나케 사신을 보내왔다.

❀ 그런데 예의범절을 모르는 섬나라 사신은 무례하게도 세종대왕님께 이렇게 입을 놀렸다.
"폐하, 저희 나라는 국호는 보잘것없지만 그래도 선진국이무니다. 조선노 우리나라의 속국이 되는 게 마땅하무니다."
❀ 그러자 세종대왕님께서 버럭 화를 내시며 '여봐라, 쟤를 개 패듯 실컷 두들겨 패서 보내 거라. 쟤패!'라고 말씀하셨다.
❀ 그래서 섬나라 사신은 입을 함부로 놀리는 바람에 멋진 국호는커녕 오뉴월 개 맞듯 실컷 두들겨 맞고 돌아가게 되었다. 그런데 본국에 돌아간 그는 국호를 받아오지 못한 죄로 목이 날아갈 위험에 처하자, 거짓말로 세종대왕님께서 '쟤패'라는 멋진 나라이름을 지어주셨다고 보고

했다.

※ 그래서 오늘날 일본의 이름은 '쟤패'의 자기네 식 발음인 '재팬'이 되었다.

# 나라별 특정 성씨가 많은 이유

❋ 중국 사람들 중에는 유독 주(朱)씨가 많은데 그것은 그들이 붉은 색을 좋아하기 때문이고,
❋ 영국 사람들 중에는 유독 브라운(Brown)이 많은데 그것은 그들이 갈색을 좋아하기 때문이고,
❋ 한국 사람들 중에는 유독 김(金)씨가 많은데 그것은 그들이 돈을 좋아하기 때문이다.

집안이 가난하더라도 가난으로 인하여 배움을 폐해서는 안 된다. 집안이 부유하더라도 부유한 것을 믿고 배움을 게을리 해서는 안 된다. 가난한 자가 부지런히 배우면 출세를 할 수 있고, 부유한 자가 부지런히 배우면 이름을 빛낼 수 있을 것이다. | **주문공**

# '차이나' 라는 이름의 유래

※ 다음은 중국이 나라 이름을 하사받아 가기 위해 예를 갖춰 사신을 보내왔다.

※ 그런데 중국 사신은 일본 사신이 실컷 두들겨 맞고 돌아갔다는 소문을 듣고 처음부터 깍듯한 태도로 세종대왕님께 이렇게 아뢰었다.

"폐하, 저희 나라에도 훌륭한 국호를 지어주신다면 그 은혜 결코 잊지 않겠습니다."

※ 이제 세종대왕님께서 용상에서 내려다보니, 그 태도가 촐랑대던 섬나라 사신과는 너무나 차이가 났다. 그래서 옆에 앉은 영의정에게 '저 친구는 섬나라 사신과는 왜 저렇게 차이나지?'하고 물으셨다.

※ 그러자 중국 사신은 그게 자기한테 한 말인 줄 알고, 갑자기 세종대왕님께 넙죽 절을 하더니 '네 알겠습니다, 폐하! 저희 나라 이름은 차이나로 하겠습니다.'하고는 돌아갔다.

※ 그래서 오늘날 중국의 이름은 '재팬'과는 엄청나게 차이 나는 '차이나'가 되었다.

# 세계의 위트 속담 4
## (프랑스, 이란, 영국, 인도)

❋ 인생은 눈물을 흘리며 양파 껍질을 벗기는 것과 같다. (프랑스)
❋ 신(神)은 잠시 동안의 인생에서 낚시로 보낸 시간을 빼 주지 않는다. (이란)
❋ 불행은 내가 불행에서 떠날 때까지 결코 내게서 떠나지 않는다. (영국)
❋ 만약 당신이 사랑하고, 열망하고, 또 괴로움 속에 있다면 그러함으로써 당신은 인간인 것이다. (인도)

괴로울 때가 있고 즐거울 때가 있다. 고락이 서로 접하고 교대하는 가운데 심신이 연마되어 간다. 고락이 교대하며 흘러가는 동안에 숭고한 정신을 얻게 되는 것이 인생의 참된 모습이다. | 채근담

# 각국 철학자들이 말하는 인생의 의미

❀ 각국의 철학자들을 모아놓고 인생의 의미에 대해 자유롭게 말해보라고 했다. 그러자

❀ 미국 철학자는 '인생이 우리를 위해 무엇을 해 줄 것인가를 묻지 말고, 우리가 인생을 위해 무엇을 할 것인가를 생각해야한다'고 말했고,

❀ 영국 철학자는 '인생은 사느냐 죽느냐, 그것의 문제다'라고 말했고,

❀ 프랑스 철학자는 '우리는 인생에 대해 생각한다. 고로 존재한다'라고 말했고,

❀ 독일 철학자는 '우리는 인생의 의미를 알기 전에 순수 인생비판부터 해야 한다'고 말했고,

❀ 그리스 철학자는 '우리는 우리 자신을 알고 나서 인생을 논해야 한다'고 말했고,

❀ 한국 철학자는 '인생은 널리 자신을 이롭게 하기 위해 살아가는 것'이라고 말했다.

# 나라별 몰림 현상

❀ 미국에서는 가장 머리 좋은 인재들이 기업계에 몰리고,
❀ 프랑스에서는 가장 창조적인 인재들이 예술계에 몰리고,
❀ 영국에서는 가장 꿈이 없는 젊은이들이 공무원에 몰리고,
❀ 러시아에서는 가장 꿈이 많은 젊은이들이 공무원에 몰리고,
❀ 일본에서는 가장 쓸모없는 인재들이 오락실에 몰리고,
❀ 한국에서는 가장 쓸모없는 인재들이 정치계에 몰린다.

원칙 없는 정치, 노동 없는 부자, 도덕성 없는 상업, 인격 없는 교육, 양심 없는 쾌락, 희생 없는 신앙, 인간성 없는 과학은 나라를 망친다. | 간디

# 나라별 1억 원 만들기

※ 어느 날, 하나님이 각국 사람들을 불러 각각 6천원씩을 주면서 1년 안에 1억원을 만들어 오라고 했다. 그러자

※ 프랑스인은 6천 원짜리 관광연금을 만들어 1억원이 될 때까지 계속 가입자를 늘려나갔고,

※ 러시아인은 5일 동안 매일 천 원어치씩 보드카를 마신 뒤 나머지 천 원이 1억으로 보일 때까지 노려보았고,

※ 중국인은 천 원짜리 여섯 장의 반을 접어 접을 붙인 다음 돼지우리 속에 넣고 열심히 사료를 주어 새끼를 낳도록 했고,

※ 일본인은 6천원으로 색종이, 가위, 풀, 도화지 등을 사서 천만 원짜리 모형돈 열 장을 만들었고,

※ 한국인은 일본인을 불러 6천 원을 주면서 술과 담배, 통닭, 과일을 사고 1억 원을 거슬러오라고 했다.

# 세계의 위트 속담 5
## (티베트, 스웨덴, 영국)

❊ 어리석은 자는 누군가 달을 가리킬 때 그 사람의 손가락을 바라본다. (티베트)
❊ 우리들은 누구든지 모자 밑에 어리석음을 넣어두고 있는데, 어떤 사람은 단지 다른 사람들보다 그것을 잘 감출 수 있을 뿐이다. (스웨덴)
❊ 현명한 사람은 어리석은 사람한테서도 배울 것을 취하지만, 어리석은 사람은 지혜로운 사람한테서도 배울 것을 취하지 못한다. (영국)

어리석은 행위의 제1단계는 자기 자신의 현명함에 도취하는 것이고, 제2단계는 그것을 고백하는 것이며, 제3단계는 타인의 충고를 경멸하는 것이다. | **벤저민 프랭클린**

# 인력 시장이
# 역동적으로 변한 이유

✤ 어느 날 저녁 영국인, 일본인, 아르헨티나인이 뉴욕의 술집에 앉아 서로 자기네 나라의 인력시장에 더 큰 변화가 찾아왔다고 다투었다.

✤ 먼저 영국인은 '영국의 의학이 아주 발달했기 때문에 최근 의사들이 한 개의 간을 여섯 개로 잘라서 건강한 간을 필요로 하는 여섯 명의 사람들에게 이식한 관계로 인력시장에 여섯 명의 새로운 노동력이 생겨났다'고 말했다.

✤ 그러자 일본인은 '자기네 나라 의사들은 허파 하나를 열두 개로 잘라서 건강한 허파를 필요로 하는 열두 명의 사람들에게 이식한 관계로 인력시장에 열두 명의 새로운 구직자가 생겨났다'고 말했다.

✤ 그러자 그 말을 들은 아르헨티나인은 종지부를 찍듯 이렇게 말했다.

❋ "그건 아무 것도 아니요. 우리나라에서는 멍청한 대통령 한 명을 뽑은 관계로 지금 인력시장에 일천만 명의 새로운 실업자가 생겨났다구요!"

# 3 국인의 삶의 목표

❀ 중국인에게 있어서 삶의 목표는 변화무쌍한 환경 속에서 어떻게든 살아남는 것이고,
❀ 일본인에게 있어서 삶의 목표는 일생 동안 3번 찾아오는 기회를 잡아 성공하겠다는 것이고,
❀ 한국인에게 있어서 삶의 목표는 좋은 직장 잡아서 내 집 장만하고 자식 공부시키다 죽는 것이다.

신앙으로부터 종교로, 시골의 오솔길로부터 도시의 뒷골목으로, 지혜로부터 이론으로 떠나가는 민족은 슬플지어다. | **칼릴 지브란**

# 3 국인의 인내력 테스트

※ 일본, 한국, 중국 이렇게 세 나라 사람의 인내력을 테스트하기 위해 그들을 차례로 파리와 모기떼가 들끓는 돼지우리 속에 집어넣고, 누가 더 오래 견디나 시험해 보았다. 그러자

※ 제일 먼저 뛰쳐나온 사람은 성급하고 결벽증이 심한 일본인이었고,
※ 그 다음은 조금 덜 성급하고 더러운 것도 조금은 참을 줄 아는 한국인이었고,
※ 이제 남은 사람은 중국인뿐, 그가 얼마나 오래 견디느냐가 문제였다.
※ 그런데 10시간 만에 먼저 돼지우리를 뛰쳐나온 것은 중국인이 아니라 돼지였다.

# 3국인의 놀라운 식성

❀ 일본인들은 바다 속에 있는 것 중 잠수함만 빼고 다 먹고,
❀ 중국인들은 날아다니는 것 중 비행기만 빼고 다 먹고,
❀ 한국의 보신주의자들은 정력에 좋다면 자신의 신체를 제외하고는 뭐든지 다 먹는다.

마음이 어지러워 즐거움만 찾으면 음욕을 보고 깨끗하다 생각하여,
욕정은 날로 자라고 더하니 스스로 제 몸의 감옥을 만든다.
| 법구경

# 위기 상황에서의 나라별 반응

✺ 태평양 한 가운데에서 호화여객선 인터내셔널호가 침몰하기 시작했다. 당황한 선장이 승객들에게 소리 쳤다.
"여러분, 지금 선미에 불이 붙었습니다. 각자 구명조끼를 입고 바다에 뛰어드십시오!"

✺ 그러나 겁에 질린 승객들은 선뜻 바다에 뛰어들지 못했다. 다급해진 선장은 승객들 개개인의 국민성을 이용하기로 했다.

✺ 그는 먼저 영국인에게 소리쳤다.
"진정한 신사는 바다를 두려워하지 않습니다!"
그러자 영국인은 즉시 바다로 뛰어들었다.

✺ 다음은 프랑스인에게 소리쳤다.
"아름다운 사람만이 투신할 수 있으며 그에게는 애인이 많이 생길 겁니다!"
그러자 프랑스인도 바다로 뛰어들었다.

❇ 다음은 독일인에게 소리쳤다.
"게르만 민족의 우월성을 보여주십시오!"
그러자 독일인도 바다로 뛰어들었다.

❇ 다음은 일본인에게 소리쳤다.
"뛰어내리면 많은 돈을 벌수 있습니다. 그것이 가장 경제적입니다!"
그러자 일본인도 바다로 뛰어들었다.

❇ 다음은 한국인 차례였다. 선장은 잠시 고개를 갸우뚱하더니 소리쳤다.
"지금 바다 속에는 정력에 좋은 보신용 물고기들이 우글거리고 있습니다!"
그러자 한국인도 바다 속으로 뛰어들었다.

# 나라별 행복지수

❀ 영국의 레스터대학이 조사한 바로, 나라별 행복지수 순위는

❀ 덴마크가 1위,
❀ 스위스가 2위,
❀ 오스트리아가 3위,
❀ 바하마가 5위,
❀ 부탄이 8위,
❀ 캐나다가 10위,
❀ 한국은 178개국 중 102위로 나타났다.

행복이란 높은 정신력이 낮은 정신력에 의해 괴롭힘을 받는 일이 없는 경지이거나, 안일이라는 낮은 정신력이 높은 정신력에 의해 괴롭힘을 받는 일이 없는 경지임을 말한다. | **게오르크 짐멜**

# 지구가 행복해지는 방법

❋ 한 사람이 큰 소리로 웃을 때, 그 웃음소리는 무려 100m까지 전달된다고 한다.

❋ 지구와 달과의 거리는 38만4천km이다. 그러므로 지구인 384만 명이 동시에 큰 소리로 웃으면 그 소리는 달까지 전달 될 것이다.

❋ 그리고 보름달이 뜨는 날 밤, 그 웃음소리는 메아리가 되어 다시 지구로 되돌아올 것이고, 그러면 지구는 무척 행복해질 것이다.

❋ 내일의 일에 대해서는 신(神) 이외에는 아무도 모른다. 우리가 할 일은 오늘이 좋은 날임을 감사하고, 오늘 웃으며, 오늘이 행복한 날이 되게 하는 것이다.

내셔널 M**in**드 에피그램 143

# 지구촌
# 위트사전

초판 1쇄 인쇄 2008년 07월 05일
초판 1쇄 발행 2008년 07월 10일

지은이 | 박영만
펴낸이 | 박영만
펴낸곳 | 프리윌 출판사
       등록번호: 제2005-31호    등록년월일: 2005년 05월 06일
주소 | 경기도 고양시 일산서구 주엽동 90번지 강선마을 1703동 103호
전화 | 031-387-8303,  팩스 031-922-8303
미니홈피 | www.cyworld.com/freewillforever
E-mail | yangpa6@hanmail.net

디자인 | 김왕기
인 쇄 | 광문인쇄

© 프리윌출판사, 2008
ISBN 978-89-93379-00-6    03000

*무단복재와 전제를 금합니다. 책값은 뒤표지에 있습니다.